地域再生プロデュース

参画型デザイニングの実践と効果

筑波大学 大学院教授
蓮見 孝

文眞堂

まえがき

―村づくりの風神・雷神―

「半日村」という昔話をご存知だろうか。

高い山かげにあるために、半日しか日が当たらない寒々しい村の物語だ。村の子どもの一平が、日の当たる明るい村にしようと、そびえ立つ山に登り、頂きの土を袋につめると、里に下りて寒風を吹きつけてくる広い湖に投げ入れはじめた。それを見た村の子どもたちは、気が違ったかと大笑いしたが、いつとはなしにまねをする者が三人四人とあらわれ、やがて大人たちも総出でセッセ、セッセと土下ろしをはじめた。何年も、何年も、ひたすら土下ろしを続けていると、やがて山は半分ほどの高さになり、朝の内から明るい日が差しこみ、干拓された田んぼに稲穂がそよぐ豊かな村になった。それからは「一日村」と呼ばれるようになったとさ。めでたし、メデタシ…

（きりえ　滝平二郎）

祟られた〝うさぎまつり〟

この絵本の挿絵を描いた滝平二郎（一九二一—）［注1］の出身地である茨城県玉里村（現・小美玉市）から、村づくりのアドバイザーを頼まれた。実際にかかわってみると、現実の村づくりは、絵本のようにはうまくいかない。というより、手厳しい〝仕打ち〟が待っていた。

このプロジェクトは、霞ヶ浦［注2］に面した風光明媚な高台に都市からの来訪者を招き入れ、地元農村の住民と交流するツーリズムの拠点を新設しようとするもので、村の五カ年計画の最重要課題に位置づけられていた。

「ハコモノづくりのみに終始する時代でもあるまい」と考え、建築・土木の専門家にすべてを丸投げするのではなく、企画づくりの第一歩から住民が主役のプロジェクト運営をおこなおうとする画期的なプログラムを提案した。それがすんなり受け入れられたものだから、逆にうろたえてしまった。実は、私にはそのような大規模なまちづくりプロジェクトを運営した経験がなかったからである。

こういうときには、時間稼ぎをするしかない。まずは全村民に呼びかけて企画メンバーを募集し、応募してくれた五十人強の素人集団とともに村づくりの企画プロジェクトをはじめることにしたのである。みんなで自転車に乗って村内を見てまわり、権現山古墳の真下にある広場を拠点の候補地に選んだ。さてその次は、その地に建てられるはずの施設に求められる機能やふさわしいかたちを考えださなければならない。そこで思いついたのが、「うさぎまつり」というしかけである。住民が手づくりの祭りを企画・実行することで、自分たちが本当に必要とするものは何か、ということを実感ベースでイメージし共有しあうことができる、と考えた。「何だか訳がわかんないが、まずはやってみよう」ということになり、大変な苦労をしながらも、まつりの準備は着々と進められた。

忘れもしない二〇〇四年八月七日、じっとりとした真夏の空気がよどむなかで、うさぎまつりは始まった。地産品の店がならび、広場ではザリガニ釣り、湖には足こぎボートもでた。メインイベントは、住民メンバーが一カ月以上かけてつくりあげた大小の切り絵トーローである。きれいに飾りつけられたトーローに照明が灯され、いよいよ紙トーローを手にした人たちがパレードを始めようとしたその矢先、怪しい雲に覆われはじめていた空が一気に崩れ、すさまじい夕立と稲妻が叩きつけてきた。泥しぶきが上がる広場を逃げまどう人々とともに、祭りのにぎわいは、夢まぼろしのように消え去ってしまったのである。

うさぎまつりが残したものは、失意と落胆だった。私は、「とんでもない悪霊がとり憑いたものだ」とののしられ、村から放逐されるに違いないと確信した。しかし不思議なことに、事態は思わぬ方向に進展しはじめた。間髪を入れずに〝リベンジのまつり〟が住民メンバーの発案で開かれることになり、強い仲間意識が芽ばえたのである。それから三年がたち、うさぎまつりは六回を数えるようになったが、なぜかまつりの度に雨が降る。〝濡れうさぎまつり〟などと揶揄《やゆ》する人もいるが、雨を重ねる度に活動の根っこが強くなり、それが「ＮＰＯ玉里しみじみの村」の結成につながり、村づくりの活動はゆったりとしたペースながらも着実にその枝葉を広げている。活動の地固めには雨・風も必要、という摂理を、村の風神・雷神が教えてくれたと〝しみじみ〟思うのである。

このような地域の活動は、知れば知るほど摩訶不思議なものにみえてくる。現代社会では常識となっている、せっかちな「モノづくり」とはまったく正反対の特質を持っているからである。造ったら終わりの街区整備事業にとどまることなく、小さな活動の芽を生みだし、じっくり育てようとする「育成型まちづくり」への方向転換が全国各地でおこなわれるようになり、多くの成功事例が生まれている。そのような「コト育て」の活動は、活発に増殖をはじめた〝生命体〟のようなもの、といえるかもしれない。

しかし、地域に根を張りはじめた「コト育て」や「育成型まちづくり」というような活動の存在意義や効果、方法論についての発展的な研究は、充分におこなわれているとはいいがたい。一つひとつ手づくりの地域活動は、手間ひまがかかるわりにビジネスになりにくいから、地域づくりのプロが育たない。理論化が難しく論文になりにくいため、専門の研究者も生まれにくい。そして一握りの活動の達人たちは、そのノウハウや方法論を語りたがらない。「まちづくりのかたちは、まちの数だけある」、といわれるように、ちょっとしたきっかけや成りゆきによってムクムクと成長を始める活動は、とらえどころがなく論理的に語りにくいからだろう。

地域は進んでいる

本書では、「地方」とか「田舎」と呼ばれる地域でますます深刻さを増している少子高齢化、過疎化という現象に注目する。それは、中山間地域と呼ばれるような辺ぴな地域に限られた現象なのではなく、やがて日本全国を覆いつくす深刻な社会問題に発展してゆくにちがいない。地域は遅れているのではなく、むしろそのような将来的な課題を先取りしている先進地なのである。地域に生じている諸現象や諸問題を直視しながら、活力に満ちたバランスのよい社会づくりの活動を地域のまちから取り組み始めれば、各地の多様な活動の総体は、わたしたちの社会をダイナミックに変えていく推進力になると思うのだ。

過疎化の波にさらされながらも、住民という新たなまちの担い手たちによって活発な活動が展開されているまちづくりの事例を多数取材し、それぞれの活動に共通する諸要素を導き出しながら、「参画型デザイニング」という、生業性《なりわい》に着目した地域デザインの方法論を構築していきたい。本書では、茨城県内で立ち上げられた七つの活動を紹介し、大学が活動主体の一端を担いながら、その経過を観察・記録してきた参与観察の内容を詳細に述べながら、参画型デザイニングの有効性への評価を試みる。この実践的研究成果が、多くの活動体の育成に活かされれば幸いである。

本書は、平成十九年三月に博士論文として認められた「参画型デザイニングの研究―生業性に着目した地域振興プロジェクトの実践を通して―」を基に、新たに著書として書きおこしたものである。

も

もくじ

まえがき　―村づくりの風神・雷神―

第1章　地域へのまなざし　―負の価値観から夢育ての価値観へ

第2章　まちづくりの極意

第3章 **参画型デザイニングの実践**

第4章 参画型デザイニングの効果

装幀・イラスト　山崎かのこ
うさぎイラスト　上野ゆかり

1

地域へのまなざし　―負の価値観から夢育ての価値観へ

地域はいつの時代も、活気に満ちた都市との比較によって、その存在が意味づけられ評価されてきた。地域には、一拍遅れで都市の最新情報が届けられ、地域の街並みには巨大都市のミニチュアモデルのような景観がしつらえられてきた。このような常に都市を後追いする姿をとおして、「地方はダサイ、遅れている」、というイメージが社会的に形成されてきたのだろう。しかし、地域をそのような位置づけに留めておいてよいものだろうか。地域には、「わたしたちはどこからきたのか、そしてどこにゆくのか?」という人間存在の原点にかかわる知恵や情報が隠されているように思われる。生態学的視点が重視されるこれからの社会の潮流は、長い都市の時代を経て、再び地域に回帰するに違いない。このような率直な思いから、語りはじめよう。

1・1 地域とは何か

「地方」と「地域」

まずは、すでに曖昧に使いはじめている「地域」と「地方」という似かよった用語について定義しておこう。地域ということばは、とかく曖昧に使われがちである。地域分析をおこなう地理学の分野でさえ、地域は、地方や圏ということばと混用されている［注1］。「地域づくり」という表現はよく聞かれるが、〝地方づくり〟という表現にはなじみがない。地方ということばは、もともと区分のために用いられてきたからである。総務省の区分法では、日本の全土は都市圏（東京圏、名古屋圏、関西圏）と地方圏に二分されており、都市圏と地方圏の人口は、ほぼ五対五で拮抗している。つまり区分上は、三都市圏以外はすべて地方＝田舎とみなされているわけだ。さらに、中央政府の対比として、地方自治体とか地方分権というような使われかたもされる。地方ということばは、政治的、経済的な区分用語であり、〝親分／子分〟というような二元論的なニュアンスが感じられる。それに対して地域ということばは分類的であり、社会学や生物学的な表現といえる。地域共同体とか首都圏周辺地域というように、都市圏が包含されることもあるからだ。

緑したたる島

本書が、少子高齢化、過疎化の先進地として注目する地域は、一般的に「中山間地域」と呼ばれるような地域である。人口密度の高い都市圏の平野部以外のエリア、つまり山深い山間地と都会の中間にある、農業を主産業とする居住エリアである。それは国土の七割以上が山地である日本の原風景をかたちづくる象徴的なエリアといってもよいだろう。たとえばヨーロッパから成田への直行便に搭乗してみるとしよう。延々と続く荒涼としたシベリアのツンドラやタイガ地帯をようやく越え、日本海をひとまたぎしたとき、目に鮮やかに飛びこんでくるのは、盛りあがるように茂る緑の植生に包まれた瑞々しい島である。それが日本の豊かな国土と生活基盤を育んできた中山間地域なのである。それが衰退の危機に瀕している。どうすればこのような地域の持続的調和を守っていけるのか。それは、エネルギー量や投資額というものに換算しやすい都市の維持・発展とはくらべものにならないほど、難しい課題にちがいない。

本書では、「地域」ということばの意味を、特記しないかぎりは、緑に覆われた山国・日本を象徴する「中山間地域とそのエリアに包含される地方のまちや都市」と限定しておきたい。そのうえで地域を、「環境的視点」から見つめ直してみることにしよう。それは、まちを装置としてではなく、「生きもの」、すなわち生命体とみなす思考である。

環境的な地域

「一個人」を最小単位とする人の社会もまた生きものととらえることができる。一個人が二人になると夫婦になり、子どもができれば親子家族が形成される。家族の集合体として町内会のようなものが形成され、さらに村、町、市、都道府県というようにスケールアップして、国家がかたちづくられている。人間社会とは、まさしく人の集合体であり、一人ひとりが有する社会的力能もそこに集合している。従って、地域をよみがえらせようと考えるのであれば、まずはその最小単位である一個人の力能が最大限に活かされるようなしくみと、その総合力が発揮されるようなシステムのあり方を考えるべきである。

そもそも都市というものは装置的な性格が強く、それゆえに環境的視点ではとらえにくい。巨大都市・東京の姿は、城塞都市から発展したヨーロッパのそれとは異なり、一九三〇年代のニューディール政策［注2］以降に急発展したアメリカの都市、たとえばニューヨーク、ロサンゼルス、シカゴのような都市に近似している。都市は、超高層ビルや高架道路、そしてネオンサインに彩られた二十四時間眠らないテーマパークのようなものである。そのような人工都市は、まさに莫大なエネルギーを消費し膨張し続ける〝熱い社会〟［注3］の象徴にほかならない。

都市を無機的な装置ととらえれば、地域は人為的なコントロールが難しい生態系の特質を有している。したがって、都市と地域という、性格が基本的に異なるもの同士を同じ尺度で比較し優劣をつけようとすることは無意味なことであり、従来の地域論が有する根本的な齟齬《そご》であったともいえる。加えて、地球レベルで環境問題が深刻化する今、もともと環境的な性格が強かった地域で温存されてきた社会的知恵や生活様式に注目する意味はますます大きくなっていくだろう。地域が持つ強味を活かした社会づくりの方法論や施策の設計が模索される時代になっている。

1・2　地域の宝もの　―埋蔵資産を「ポジティブ発想」で掘り起こす

地域は、とかく消極的な視点で評価されがちである。まずは発想を大転換し、「地域はスバラシイ」とする前向きな視点で再評価してみよう。このような思考方法は、「ポジティブ・フィードバック」と呼ばれ、新たなイメージ創造が求められるデザインの世界では普遍的に用いられる発想方法である。「あれが足りない、これがダメなんだ……」というような問題点や欠点の列挙からはじめるのではなく、まずは地域に潜在する強みや〝宝もの〟を掘り起こし、さらにその強みが活かされるような仕組みを考えていけば、地域固有の存在意義や将来への道筋がはっきりとみえてくるはずである。

三つの強み

地域の強みとは何だろう。それは地域にどっぷりと浸かった「地元人」（「ジモティ」とも呼ばれる）には見えにくく、むしろヨソものの方が敏感に見つけ出したりするものだ。東京で四十年を過ごし、縁もゆかりもない茨城県に引っ越してきた私の実感を述べてみよう。

二十年間にわたりデザイナーとして勤務した自動車会社を辞め、筑波大学の教員に転職することになったとき、多くの友人たちは、私が田舎暮らしになじめずに、早々に東京の家に戻ってくるに違いないと思っていたらしい。会津の山奥で生まれた妻は、「また田舎にもどれというの！」といって嘆いた。しかし結果として、田舎暮らしは思いのほかすんなりと受けいれられた。というより、私たちは田舎暮らしにすっかりハマってしまったのである。

第一の理由は、「自然の豊かさ」である。都会では貴重品である広い空間と新鮮な空気に包まれた茨城の風景は、幼い頃になじんでいた東京のそれにソックリだった。今から五十年前の東京では、新宿からわずか一五キロメートル程度のところでも、一面の田んぼ、麦畑、沼地に囲まれ、駅から至近の野川には水車が回っていた。それは私にとっては、懐かしい生活風景の原点であり、理想のまちとして今も記憶のなかにとどめられている（写真1）。

第二の理由は、「人の魅力」である。地域づくりの活動をとおしてさまざまな地域の人たちと知りあうことができた。東京の喧噪《けんそう》のなかに潜むスキマ風の音のような都会特有のうら寂しさやサービス・スマイルのよそよそしさをむなしく感じてきた都会人には、茨城の田んぼの薫風《くんぷう》や荒々しい訛《なま》り言葉が、温かみに満ちた子守歌のように聞こえた（五十年前の世田谷区では、〝ダンベェことば〟がよく聞かれたものだ）。「そんなことは、気楽なヨソものの思いこみに過ぎない」と、地域のムラ社会に縛られながら生きてきた地元の人からは笑われるかもしれないけれど。

そして第三は、「生活文化」、特に「食の豊かさ」である。米一粒をとってみてもその違いは歴然としている。東京ではせいぜい産地ブランド品や値段の高いものを選ぶ程度のこだわりだったが、茨城にきてからは、毎秋の収穫時に北条大池のふもとにある農家のNさん宅を訪ね、親しく懇談を交わしあいながら、納屋に収められた三〇キログラムの米袋に入った玄米を分けていただくようになった。北条米はかつて献上米として知られた銘米で、〝アオ〟と呼ばれるウグイス色の米粒が混じっている。米袋は冷暗所に保存し、食事の度に家庭用の精米器でゆっくりと精米して食べる。日本の食糧自給率が四〇％以下になるというご時世のなかで、このような食のありが

写真１：50年程前の東京近郊の風景ー田園が広がる小田急線「成城学園前」と「喜多見」駅間。（撮影：久保敏、出典：『小田急ー車両と駅の60年』、大正出版）

た味を実感できる地域は強い存在意義を持つようになると思うのだ。たった一杯の炊きたてのご飯が、おかずなど要らないほどの滋味を醸してくれるのだから。

文化の豊かさも、相当なおおらかさである。衰退しきった水戸の商店街を活性化させるプロジェクトを始めるにあたり、「この町内に縁のある人はいませんか？ たとえば愛媛の松山は〝坊ちゃん〟でイメージづくりをしているし」と、商店街のメンバーに問いかけたことがある。「う〜ん有名人か、いないいんだよね。強いていうと、横山大観〔注4〕くらいかなぁ……」という気の入らない返事に、思わずのけぞった。大物だぞ、大観は！「地域ブランド力調査」〔注5〕では、茨城県のブランド力・認知度は四七都道府県中四四位の最下位クラス。これは、逆に考えれば、まだまだ掘りだされていないお宝ものの資産がたくさん埋蔵されているというあかしではないだろうか。

1・3　エコの知恵　―地域の賢さを発揮する

地域再生において、地域資産の活用が有効であることは、多くの専門家が指摘するところである。なぜ地域資産が注目されるのか。その根拠をしめしたい。

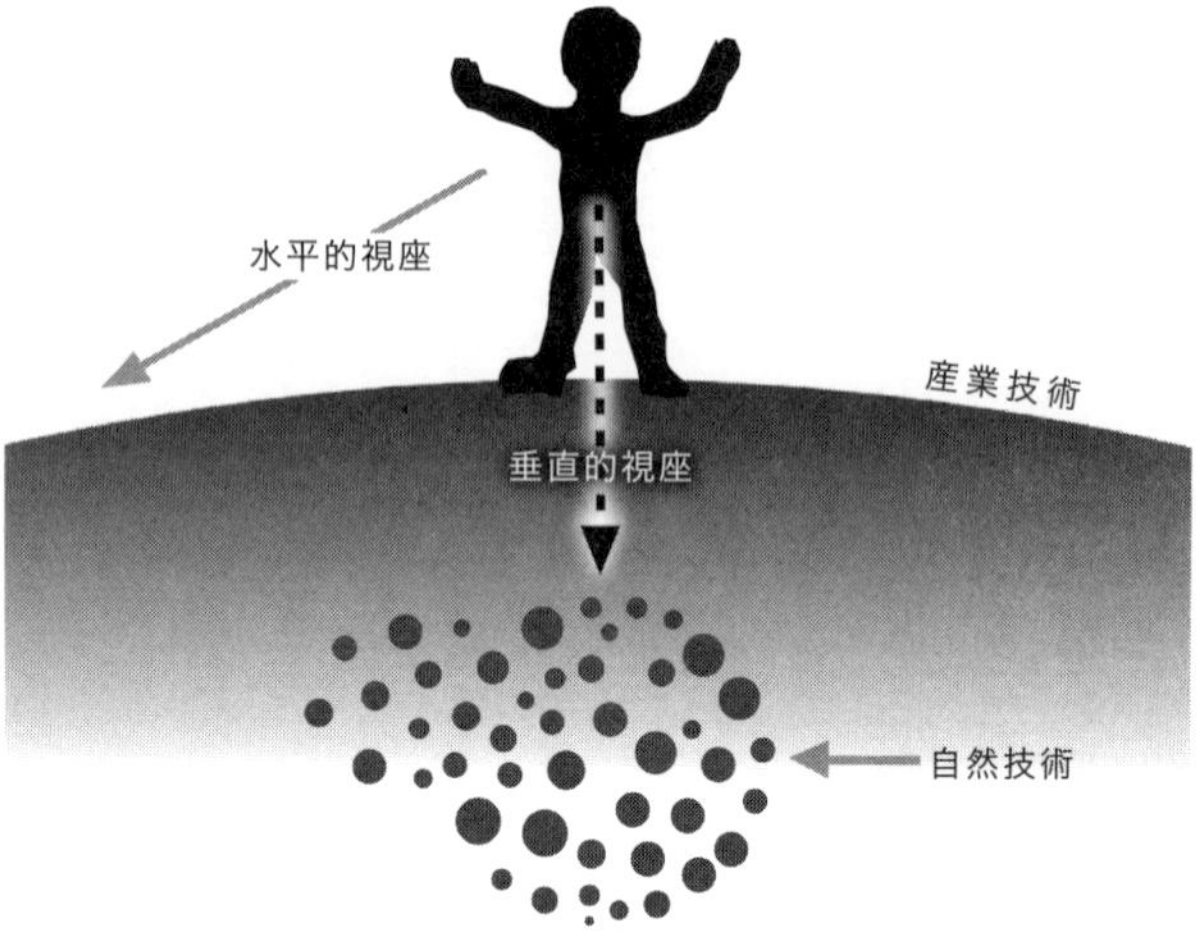

図１：水平の視座と垂直の視座

垂直の視座

都会に住むことを想定しながら、自分の周囲を見わたしてみよう。そこにはさまざまな視覚情報や音声情報がちりばめられている。ときには、過剰な装飾や騒音に煩わしい思いをするかもしれない。つぎに視点を変え、頭の真上の風景をしげしげと見上げてみよう。水平方向とは打って変わって、殺風景な石膏ボードの天井や蛍光灯の並びが見えるはずである。屋外ならば、ビルのかたちに切りとられた紙の切れ端のような空が見えることだろう。そして足下には冷たい人工の大地が広がり、土の柔らかさや香りが封じ込められていることを知るはずである。

騒然とした水平の視座と、空虚な垂直の視座。このような不調和な風景を生み出してきたものが、グローバリズムを導いた発展志向だった。人はホモ・エレクトスを始祖とするといわれるように、直立歩行を行動特性とする動物である。それ故に、人に見られたがっている情報は、そろって水平の視座に向いている。かつて人類の祖先たちは、四方八方をくまなく観察する秀逸な情報収集能力をもっていた。天上に広がる空が予兆させる気象の変化や、足下に眠る先達が残した教えや技能というような自然技術を伝承し活用するという、「垂直の視座」を巧みに生かして暮らしていたに違いない。自然環境に順応して生きようとする本能が、自己の存在認識や自然に対する畏敬の念にもつながっていたはずである。そのような自然情報は、土地ごとの気候・風土や生活様式になじんでいたはずである。いにしえからの知恵は、デジタルデータの集積や平面的な広がりを特徴とする現代の産業技術よりも、遥かに個性的でスケールの大きな時空を超える広がりを持っていたと思われる（図1）。

工業的産業から環境的産業へ

純茨城産の酒のブランディング・デザイン（ブランドづくり）を茨城県酒造組合から依頼されたことがある。純県産の酒米と酵母が開発されたのを契機に、組合レベルで統一した新ブランドをつくり社会発信しようとするものである。当初は、「首都圏に出荷してもはずかしくないものを！」「どこもマネできないような、極限まで精米した超高級酒に！」というような進軍ラッパも聞かれたが、私は、地域が持つ知恵と技を結集した地産地消型のブランディングを提案した。茨城は酒蔵の数が多く、新潟や長野を含む関東信越国税局管内でも有数の酒処であるが、それを知る人は少ない。ご当地の茨城県人も同じことで、県内での県産酒の需要は三〇％を切っていた（新潟県は八〇％強である）。ところが、酒づくりにまったく縁のなかった私が参加することで、今まで誰も気づかなかった酒づくりの実態が明らかになってきた。お酒をたしなんでくれる末端消費者と蔵との直接的交流が少なかったこと、原料である米を生産する農家とのかかわりが弱かったこと、そして貴重な水資源への注目が薄かったことなどである。つまり酒蔵は、工業製品としての酒を大量生産し酒問屋に卸すだけの殺風景な製造工場に甘んじていたのである。そこで若手蔵元（蔵の若主人）を中心とする企画メンバーの総意は、県内の愛飲家に支持されるような旨くて安価な酒づくりに徹しようという方針で固まった。さらにお客さんを蔵に招く酒蔵開放や、酒米の田植えや稲刈りをともに楽しむようなイベントも企画することにした。これが失敗するはずはない。なぜならばご当地密着型は、もともと地域が有していた得意技だからである。こうして純茨城産の酒「ピュア茨城」が誕生した、三十有余の酒蔵が参加し、「ピュア茨城」という商品名、マーク、包装紙を共有しながらも、商品ラベルはそれぞれの蔵独自のものをつけるというデザインにした。出荷の時期になると、三十数種類のピュア茨城が居ならび、いわゆる〝そろい踏み〟のようなお披露目販売が各所でおこなわれる。ピュア茨城は五年目を迎えて着実に地域に浸透し、県外への販売も検討されはじめている。

石岡市高浜に古くからある酒蔵の専務である廣瀬慶之助さんは、ピュア茨城の企画メンバーとして頑張ってくれた若手だが、その後地域のＮＰＯや大企業グループと協働して面白い取り組みを進めている。大企業グループの社員・家族を対象とした環境意識啓発実践の場として、谷津田再生事業をおこなっているのである。機械が入りにくいために放置されていた谷津田を参加者の人力で耕し、田植え・稲刈りをし、その収穫米を使って日本酒づくりを体験する。つまり、自分ブランドの酒づくりを風景づくりといっしょに楽しんでしまおうとするプログラムである。こうして三年間活動を続けていると、荒れ果てていた谷津田がいつの間にか蘇り、カエルやトンボなど多くの生き物たちが姿を見せるようになったという。このようにして再び生命力を取り戻そうとしている自然を見つめあいながら、関係する多くの人たちの心は癒され、深い満足感に満たされているに違いない。

1・4　生業の魅力　―まちの名人芸を呼び戻す

地域には今、全国チェーンの大型商業施設が次々と進出している。商品点数が多く営業時間が長く、しかもクルマでゆきやすいショッピングセンター（「ＳＣ」と略す）は、本当に便利な生活支援施設である。二〇〇五年に開通した「つくばエクスプレス」（「TX」と略す）の各駅前には、大型SCが次々と開業し、TXをショッピングカートがわりにしてSCをハシゴする人があらわれそうないきおいである。

しかし反面で、かつて地域の生活を支えてきた市街地の商店街は、「シャッター商店街」とか「歯ぬけ商店街」と呼ばれるほどに閑散としている。勝者がいれば、敗者もいるのは当然、とする自然淘汰論を否定するつもりはないが、貴重なものが無為に失われていくような気がしてならない。それは、個人商店がもつ「生業性《なりわい》」と、生業が醸し出すまちの魅力、味わいではないかと思うのだ。

まちの魔術師

子どもの頃の遠い記憶をたどってみよう。世田谷区立の小学校にかよっていた私は、学校帰りの寄り道が楽しみだった。商店街のいろいろな店をのぞいて帰るのである。なかでも靴屋さんは驚異の魔術師だった。箱に入った小さな釘を一気に口のなかにのみこんでしまう。口のなかから釘を一本一本と吐き出しながら靴底の修理をするさまは、まさに「名人芸」といってもよいものだった。桶屋の店先では、トントンというリズミカルな音とともに小判型をした桶が日に日に仕上がっていく。魚屋は店先で見事な包丁さばきで魚をおろし、時計屋はルーペを器用に眼ぶたにつけて小さな時計を覗きこんでいた。八百屋で里イモの皮むきを手伝うと、ご褒美としてドアのないオート三輪の助手席に乗り、行商のお伴ができた。バタバタバタというダイハツのエンジン音が今も聞こえてきそうである。このように、まちの商店はどこも見事な職人芸を披露する名工房だったのである。子どもにとっては、こうした商店街は何よりの遊び場だったし、手仕事の尊さを学ぶ学校でもあった。そしてそのような日々が、子どもの私に、まちと人、そして名人芸の記憶を鮮烈に刻みこんでくれたのである。

今のまちは、コンビニや一〇〇円ショップなどのチェーン店ばかりになり、ものを買う以外にはさしたる面白みのない場所に変質してしまっている。工房としての「パフォーマンス性」（自己を表現しようとする行動）を失った個人商店や商店街が、品ぞろえと便利さとエンターテインメント性を兼ねそなえたSCと互角に戦い、勝ち残ることは難しいだろう。居住エリアに近接した商店街が消滅すると、クルマのないお年寄りは買い物が困難になり、人との触れあいの機会が減り、こもりきりの高齢者が増えることになるかもしれない。そして子どもたちは、自分の育ったまちに対する記憶や思い出を喪失していくことだろう。

地域には、まだまだ貴重な名人芸が残っている。しかも想像を絶するような面白い生業が生き残っているのである。一例として、筑波山の東側、石岡市の八郷地区にある「駒村清明堂」というお線香屋さんを紹介しよう。筑波山から流れ下る沢の水で水車を回し、乾燥させた杉の葉を叩いて粉にする。それを水でこねて小さな穴から押し出して線香にするという昔ながらの製法である。どこにでもありそうな安価な線香だが、それがどのような工程で造られるのかを、茨城にきて初めて知った。近くには水車をつくる大工さんがいるという。いつかその木工所ものぞいてみたいものだ。

自らを語る生業

商業施設の業態変化によって憂慮されるもう一つの心配事は、個々人の力能が発揮される場としてのまちの弱体化である。少子高齢化が抱えるもっとも根本的な課題の一つは、高齢によって仕事を失い、活力の低下をきたす人が増えることである。考えてみると、農業、林業、漁業などの一次産業や個人商店は、定年がない職業である。壮年期に活発に仕事をおこない、老齢化とともに規模を縮小していったり、徐々に跡継ぎにバトンタッチしたりするきわめて自然なすがたの生業といえる。二十四時間営業の便利な大型商業施設を目の敵にするつもりはないのだが、個人商店のような〝小さな全体性〟を持つ生業も共生できるような社会のしかけづくりが必要だろう。

三重県伊賀市にある「まちかど博物館」は、興味深い取り組みとして注目に値する。市内に点在する昔ながらの商店や仕事場をそのまま博物館として認定し、観光資産として活かしていこうとするものだ。たばこ屋を細々と営んでいたおばあさんが、高齢になり気力も失って、ついに店先に顔をださなくなった。昔ながらの商店のたたずまいを残すたばこ屋が、住民の推薦によって伊賀まちかど博物館に認定されると、館長に就任したおばあさんの話しを聞こうと、各地から人が訪ねてくるようになった。問わず語りに自分の仕事やまちの暮らしについて解説し、さまざまな人と交流するうちに、そのおばあさんはピンシャンとして元気よくまちを歩き回るようになったという。

「彼らの表情が一番生き生きするのは、実は自分のことを語っているときなのです」

（井上リサ）　［注6］

1・5　地域を蘇らせる参画型デザイニング

肥大化するグローバルな社会が、どこかへ置き忘れてきてしまった大切なものがある。それは、巨大企業が生み出すメジャー商品やサービスに駆逐されようとしている小さな力能、すなわち住民一人ひとりが、その人生をかけて磨き続けてきた生業という得意技である。一つひとつの技は取るにたらないささやかなものかもしれないが、それらが集結し連携すれば、とてつもなく大きなパワーを発揮するに違いない。それだけではなく、社会の隅々にいたるまで細やかな配慮がゆきわたる洗練された住環境が実現される可能性がある。それを、誰かが指揮棒を振って踊らせようとするのではなく、各々がごく自然に意識を共有しあい連動しはじめるような物語づくりのしくみはできないものかと考えた。それが「参画型デザイニング」と呼ぶデザイン・プログラムである。

「デザイン」とは何か

参画型デザイニングの概念を考えるにあたり、まずは日常生活のなかであたりまえのように使われる「デザイン」ということばの意味について再考してみよう。

「Design」ということばは、明治初頭の文明開化にともなって日本に持ちこまれた。デザインの語源はラテン語であり、ラテン語圏のフランスでは、「デッサン」と呼ばれる。デッサンには似たような二つの綴りがあり、ともにデッサンと発音される。Desseinは「意図を考えること」、そしてDessinは「かたちに表現すること」という意味を持っている［注7］。かつてデザインは「意匠」と和訳されたが、意図の「意」と、かたちづくりの技をしめす「匠」が組みあわされているわけであり、デッサンとまったく同じ意味を表しているといえる。つまりデザインとは、

「"こころ"を"かたち"にすること」なのであり、それはあらゆる人が日常的におこなっている普遍的な行為でもある。たとえば、大切なお客様が来られるときに、玄関先を掃き清め、一輪の花をさして迎えるような行為は、もてなしのこころを花にこめて表そうとする立派なデザインなのである。

デザインは、戦後の商業主義の台頭にともなって、商品に付加価値をつける技である「スタイリングデザイン」として狭義にとらえられるようになり、もっぱらデザイナーという専門職能を持つ人だけがおこなう専門的なかたちづくりの仕事と位置づけられるようになった。本書では、デザインの意味を、「こころをかたちにすること」という原点にもどし、あらゆる人に共有される行為としてあつかってゆきたい。

自分自身を含めての話しだが、デザイン力が天才的に優れている人なんてめったにいるものではない。ほとんどは、ただの凡才である。しかしそれはデザインの能力が低いということなのではなく、誰にも生まれながらにして備わっている能力がウトウトと眠りこけているだけなのかもしれない。そのようなデザイン能力のスイッチを、キッカケを与えて、ポンと「オン！」にするだけで、立派なデザイナーになれる可能性がある。デザインの素人と専門家の中間にいる大学生たちに注目してみよう。デザイン教育とは、まさにスイッチ・オンを助ける仕事である。そのような考え方にたって、モチベーション（ヤル気）を刺激する教授法を、入学したての一年生を対象とする授業において試みた。たとえば「製図」という実習型の授業では、「製図通則」というしかつめらしいルールブックを用いた丸暗記型の勉強法を強いられるので、きわめて退屈な授業になりがちである。ところが、実感型教授法を工夫することによって、図面の表現技法が短期間で身につくことが観察できた。「図面は、何のために描くのか?」「誰に手渡そうとしているメッセージなのか?」「その人はあなたの描いた図面を用いてどんな仕事をしようとしているのか?」「その仕事の手順はどのようなものか?」というようなことを次々とイメージ的に理解させ、自分が仕事を依頼し指示を送る人が気持ちよく仕事ができるように、心をこめて「メッセージ」を描きこむように意識づけした。それによってデザインワークに取り組む姿勢が真摯になり、結果として製図への理解が劇的に高まるようにみえた。

学年や学部、大学院という枠をはずして、さまざまな学生がコラボレーション（協働）をおこなう実践的なプロジェクト型授業も試みている。大学のキャンパスから外に出て、さまざまな人たちと交流しグループワークでモノづくりやコトづくりをおこなうことで、自分一人では考えもつかなかった成果が生まれると、それが自信となって次々とレベルの高いワークに挑戦できるようになる。そのような実践に取り組む学生たちは、たとえ一、二年生でも、立派なプロの目つきをしているのである。

「参画型デザイニング」のすすめ

住民一人ひとりの力能の活用を図ろうとする地域振興プログラムにおいても、モチベーションを刺激する実感型教授法を応用しようと考えた。その際にたまたま連想したのは、地域に語り継がれている〝弘法大師伝説〟［注8］や勧進《かんじん》僧たちの活動の足跡だった。地域でのデザイン普及活動に手を染めるようになってから、言い伝えにこめられた本質的な意味に触発されるとともに、自ら開発した教授法との強い類似性を認めるようになった。理屈で教えこむというのではなく、作業をとおしてモチベーションを高め、自然に目的を達成させてしまおうとする方法である。そのプロセスを示してみよう。

「見知らぬ僧侶が突如現れる」→「〝よそもの〟である僧侶を集落の住民たちが温かく受け入れる」→「僧侶の〝お告げ〟が示される」→「地元民が気づかなかった〝地域資産〟の在りかが暴きだされる」→「多数の住民が力をあわせ協働作業がおこなわれる」→「奇跡的な活動成果が共有される」→「成功体験を通して自己に内在するそれぞれの力能が再認識され、さらに高度な仕事に挑戦しようとする自立的運動体が形成され展開される」→「結果として集落が繁栄する」

このような一連のプロセスは、まさに「半日村」の物語そのものだ。ちょっとした思いつきやきっかけからはじまる、日常性と時間軸をもった豊かなモノ・コトづくりのプログラムが、「参画型デザイニング」なのである。このようなプログラムには、現代の消費社会の常識とは異なるいくつかの特性があるように思われる。物語の核となる主役のもとに、さまざまな地域住民が共演し社会づくりの物語が展開されていく〝成りゆき的〟な「演劇性」の存在もその一つである。地域に潜在する資産やポテンシャルを掘り起こした弘法大師や勧進僧たちは、いにしえのプロデューサーであり、物語を成功に導くたぐいまれなるディレクターであったと思われるのである。

このような観点から現代のデザインや地域の現状を見つめてみると、既存のプログラムやプロジェクトに存在する多くの問題や課題が明らかになってくる。もっとも顕著なものが、専門家へのデザインの〝丸投げ〟であり、「つくり手」と「使い手」との極端な分業化である。自動車王ヘンリー・フォード（一八六三―一九四七）によって発明・実用化された「流れ作業」に代表されるフォーディズム［注9］は、そのもっとも顕著なものであり、C・チャップリンは、映画「モダン・タイムズ」のなかで、フォーディズムにもとづく非人間的な労働がもたらす悲哀を見事に描き出している［注10］。全体性を有するあらゆるものを要素分解し、分業を基本とするシステムに再構成することによって生産効率を上げ、その結果として巨大経済社会がつくり出されてきた。世界各地から素材が集められ加工される現代の食品産業は、その際たるものである。そしてそのようにしてつくられる多様な生産物は、日常生活のさまざまなシーンに浸透し、人びとの消費を誘っている。しかし、そのような二十世紀型の社会はすでに根本的に破綻をきたしていると考えざるをえない。モノやサービスの消費が人の自律性を麻痺させ、過剰な生産と流通のシステムが莫大な無駄と深刻な社会問題や環境問題を生み出しているからである。

このような生産・消費を前提とした経済的豊かさが、かならずしも人の幸福感につながりはしないことを、「世界価値観調査」の結果が明示している。この調査は、アメリカ・ミシガン大学社会調査研究所のロナルド・イングルハート教授らが中心となり、五年に一度実施される国際的調査研究プロジェクトで、世界七十カ国以上が参加している。生活の豊かさを表す国民一人あたりのGDP（国内総生産）については、調査時において日本は世界七位（一九九七年）であったが、「現在、幸せだと思うか？」という質問による「幸福度」については、七四カ国中二九位にとどまっていたのである［注11］。

生活の質の向上を図るためには、既存の社会構造の功罪を見つめなおしながら、さまざまな価値観が共存しえるような社会のあり方を模索し、一人ひとりが自分にあったモノやコト、生き方を選択することができるような社会づくりを進めることが求められる。そのように、社会全体を、一人ひとりの生活やさまざまな地域コミュニティが共生しえるかたちにしつらえなおしながら、限られた社会資本をバランスよく活用しようとする活動を「ソシオデザイン」と呼ぶことにしよう。

このような考え方や実践は、過疎化し衰退が進む地域に適していると思うのである。人口も財源も少ない地域では、都市を動かす原動力となっている外発的かつ継続的な巨大資金の獲得は期待できない。むしろ住民一人ひとりに備わった内発力に期待しながら、地域スケールに適した新たな構造を再構築すべきである。消費主導の巨大経済システムにかわって、自己投資を主体とする地域循環型のエコロジカルなシステムを検討していく必要があるのではないだろうか。

2

まちづくりの極意

ポジティブ（前向き）な視点で地域を見直してみると、潜在している地域固有の力能が浮かび上がってくる。自然と調和しながら生きつづけ蓄積されてきた豊かな知恵や技は、まさに〝地域のDNA〟とでもいえるものだろう。戦略的なビジネスを基盤とする経済・産業システムや分析的な科学技術に誘導されてきた現代社会のなかで、葬り去られようとしている地域固有の力能を呼び戻し、新たな視点から生活様式や社会のあり方を再考していくことは、人間社会の持続・調和的発展にとって有効な実践テーマとなるに違いない。たった一人力でも、それぞれの力能をフルに発揮すれば、一・二億人力になるのだから。

ところで、「DNA」の発見とその構造解明は、近年における画期的な科学的成果の一つである。私たちの体は、60兆個もの細胞から形成されており、一つの細胞には30億ものゲノム（科学文字）が書き込まれているという。さらに遺伝子の基本構造には、人と他の生物との間に大きな違いがないことがわかってきた。どうやら生命暗号は、あらゆる人や生き物に〝平等に〟埋めこまれているものらしい。

では、なぜ個性や能力に違いが生じるのか。それは遺伝子が、＜ON-OFF＞のスイッチがずらりと並ぶ巨大な配電盤のようなしくみになっているからだ。30億のスイッチのほとんどは、もともとは「オフ」になっており、「オン」になっているのはほんのわずかのスイッチだけである。つまり私たちは持てる能力のわずか三〜五%しか活用していないのである。さまざまな経験を重ねるたびにオンになるスイッチが増え、能力が高まっていく。スイッチをオンにする要因には、物理的、科学的、精神的な諸要因が考えられる。遺伝子研究の第一人者である村上和雄は、特に精神性に注目し、「感動、喜び、イキイキワクワクすることが、よい遺伝子のスイッチをオンにし、悲しみや苦しみ、悩みが、悪い遺伝子のスイッチをオンにする」と述べている［注1］。

2・1　ありのままを見てちょうだい　―日本大正村（岐阜県恵那市）

眠っていた遺伝子が、あるきっかけから覚醒し活動を始めるように、寂れきっていたまちが突如よみがえり、にぎわいを取り戻すという興味深い事例の存在を知ったのは、一九九七年のことだった。一九九六年から三年間にわたり、（財）電源地域振興センターからの委託により（財）日本産業デザイン振興会が実施した「電源地域におけるデザインを活用した地域活性化に関する調査」というプロジェクトに委員として参加した。電源地域とは、私たちの生活に必要な電気を生み出す発電所などの施設がある市町村をさすのだが、会議のなかで、「山深い過疎のまちでも、きわめて質の高いデザイン活動がおこなわれており、しかもその主役はデザイナーではなく生活者たる一般住民である」、という事例が紹介された。デザインはデザイナーがおこなうもの、そしてまちづくりは自治体や建築土木業者の仕事と決めこんでいた私には、まさに〝目からウロコ〟の情報だった。ぜひ現地を訪ね、この目で確かめてみたいと思うようになり、二〇〇〇年三月に、事例の一つとして取り上げられていた岐阜県にある「日本大正村」を訪ねた。それが契機となって、以降二年間にわたり全国二一カ所を訪ね歩き、その取材記を『月刊M&E』という雑誌に連載することになった。まずは、第一話となった「日本大正村」のまちづくりを紹介しよう［注2］。

町を〝村〟にする?

日本全国を見渡すと、「変わらなきゃ」と自分に言い聞かせながら必死に開発を進めているまちづくりもあれば、「ありのままのすがたをさらす」だけで過疎のまちをすっかり再生させてしまった例もある。岐阜県恵那郡（現恵那市）明智町にある「日本大正村」は後者の代表事例といえるだろう。

「何もないところね」。初めて明智町を訪ねた女優・高峰三枝子は、こうつぶやいたという。それから十数年が経ち、年に一万人ほどの来訪者しかなかった〝山の寂しい〟このまちに、三十万人以上の観光客が訪れるようになった。あいかわらず何もない昔のままの姿で。

名古屋から中央本線普通列車で約一時間。連山に囲まれた恵那駅で、ゴロゴロとディーゼル音を響かせている一両編成の明知鉄道に乗りかえた。列車は最大勾配10度近くもある急斜面をトルクいっぱいにあえぎながら登っていく。五〇分ほどで、山奥の盆地町「明智」に着いた。駅舎の待合室では、日本大正村と書かれたカンカン帽とハッピ姿のお年寄りが数人、石油ストーブを囲んで談笑していた。日本大正村のガイドさんたちである（写真1）。人口七一〇〇人のこのまちは、高齢者率（六十五歳以上の高齢者が全人口に占める割合）が二六％を超え、きたるべき高齢社会を先取りしていた。他のまちとちょっと違うのは、高齢者がまちの運営に重要な役割を果たしていること。老人クラブをはじめ二十以上のコミュニティ活動団体のメンバーが、まちガイドのボランティアとして活躍しているのである。ボランティアのみなさんから地図をいただき丁寧なアドバイスを受け、観光マップを片手にまち歩きをはじめた（写真2）。

ところで、明智町と日本大正村はどういう関係にあるのだろうか。「日本大正村役場」の看板が掲げられた建物に入り、立村の経過を調べてみた。この建物は、明治三十九年に町庁舎として造られた木造洋館二階建である。明智町は、明治後期から大正時代にかけて生糸生産で大いに栄え、立派な商家やモダンな洋館が贅《ぜい》を競っていた。しかし昭和三十年をピークに、絹の輸出量の減少や林業の衰退など産業構造の急激な変化で一気に過疎化が進み、昭和九年に開通した国鉄・

写真１：駅舎で来訪者の到着を待ちうけるボランティアの村ガイド

写真２：徒歩で楽しく回遊できる規模の街並み。右に見えるのは、遠山の金さんゆかりの桜

明知線も廃線の危機にさらされるようになった。

一九八三年、写真家の沢田政春がたまたまこのまちを訪れた。寂れた町並みを好んで撮る写真家の来訪は、まさに死神がお迎えにやってきたようなものである。沢田は、大正時代のロマンが漂うこのまちのたたずまいや人情に感じ入り、「大正村構想」を提案した。しかし、「明智は明治の初めから、ずっと〝町〟だった。なんで今さら〝村〟にならなければならないのか」と考える町民からの反発は強く、動きはわずか数人の有志たちによる水面下の活動に留まっていた。ようやく立村宣言にこぎつけたのは一年後の一九八四年。特別な施設もない〝ただのまち〟が唐突に立村宣言をおこなったものだから、思いがけず多くのマスコミが殺到した。「何だろう？」と興味津々でやってくる人たちに、「なるほど、大正村だ」と納得して帰ってもらうためには、町並みを見せるだけでは不十分である。どうしたらよいかと思案をするなかで、画期的なことを思いついた人がいた。「大正村にはすばらしい資産がたくさんある。〝大正生まれ〟のお年寄りたちだ！」。こうして、奥の間のこたつでテレビを見るのが日課というようなお年寄りたちに声かけがおこなわれ、日本で初めての住民ボランティアによる街角案内人が誕生したのである。

このようにして住民の活動が高まりをみせはじめると、町も黙って見ているわけにいかなくなり積極的なバックアップにのりだした。住民参加のまちづくりではなく、「住民主導・自治体参加」のまちづくりがはじまり、廃線が決定されていた明知線を第三セクターとして再生するという夢にもみなかった計画が現実化した。そして全国に呼びかけて開催された日本大正村シンポジウムが縁となり、東京大正会（大正生まれの著名人の親睦団体）との交流がはじまった。この交流が、後々まちを変える大きな力となる。東京大正会の一行が明智町を訪れ、それをきっかけに東京大正会員だった女優・高峰三枝子がボランティアで初代村長に就任してくれることになると、華やかな祝賀パレードの様子などがマスコミに取り上げられ、日本大正村の存在が全国に知れわたるようになった。日本大正村は、一九八八年に町の支援を得て財団となり、運営基盤が確立した。大正という古き良き時代を呼び戻し、日常生活をひっくるめてまちを丸ごとテーマパークにしようという他に例をみないユニークな村には、観光客だけでなく学識経験者や自治体の関係者なども視察に訪れるようになった。

写真3：大正村役場

時を超えるおおらかな回遊空間

日本大正村役場で、来訪者たちが書き残したメッセージを読んでみた（写真3）。「楽しかった。また来たい」という感激のコメントのすぐわきに、「だまされた。何も見るところがないじゃないの！」というようなしんらつなことばも並んでいる。このように何も包み隠さず、営利を第一義としない身の丈の活動がゆったりと育てられてきたのだろう。とってつけたような観光施設がほとんどみられないのも、この村の特徴といえる。その雰囲気は、タイムスリップした「懐かしい山里の日常」というような、旅を思いたつ人なら誰でも最初にイメージするけれど、実際にはなかなか出会えない非日常的環境に来訪者を誘いこみ、住民もともに楽しみながら、山里の風景や文化を伝えていこうとするグリーンツーリズム〔注3〕のかたちが、すっきりとしつらえられている。もともと歩行を前提にかたちづくられてきた古い街並みは、ほんの二時間ほどの散歩でぐるりと一周できる。駅から東にちょっと歩いて八王子神社の石段を登り、その上からまちを見下ろし、爽やかな風に吹かれてみた。明智光秀ゆかりの龍護寺を訪ね、元小学校だった絵画館のわきをぬけ、黒い羽目板がシックな大正路地を歩み、元繭蔵だった大正村資料館をじっくり見学してから、天久資料館で午後のお茶をゆっくりと楽しんだ。大正時代に文化人の間に名を馳せていた京都のカフェー天久の什器《じゅうき》一式が閉店とともに日本大正村に寄付され、それにともなって新たに開店した大正カフェであり、ウェイターもウェイトレスも、おそらく大正生まれと思われるスタッフがつとめている。そこから鯉の泳ぐ川づたいに、遠山の金さんゆかりの千本桜を見て駅にもどってきた。いにしえから時間をかけてかたちづくられてきた風景が、素朴だけれどけっこう見ごたえのある回遊空間を構成していることが実感できた。

「まち」という名の舞台

日本大正村で、これからのまちづくりに役立つと思われるいくつかのヒントをみつけることができた。
地域資産の活用：新しいハコモノづくりに走らず、一見粗大ゴミと疎《うと》まれがちな古いまちなみを評価し直し「資産化」していること。お菓子でいえば、〝派手な箱につめられた産地の定かではないパイ菓子〟ではなく、〝蔵のなかから出してきた時代物の大皿にホッカリと盛られた手づくりまんじゅう〟のようなもの、とたとえたい。無理がないだけに、その地域の土着的な滋味が引き立ち、気持ちをなごませる〝しつらえ〟を感じ取ることができるのだ。
時間軸を持ったプログラム：「未完成」であるということ。全国各地には、莫大な資金を投じて大規模な施設の建屋（ハード）をつくってはみたものの、運営方法（ソフト）を十分考えなかったために閑古鳥が鳴いている、というような施設も少なくない。まずはできるところから行動をはじめ、徐々に規模を大きくしていくというような「育てるプログラム」が、基礎体力の弱い過疎地域のまちづくりにはふさわしい。そのような活動が連鎖的に立ち上がるとともに、カフェー天久の什器のように人やモノが各地から寄り集まってくるのである。
参画性：自主運営、つまり生活者主体の運営がおこなわれているということ。いくら歴史のあるまちでも、それをただ展示するだけでは博物館のような生気のない空間が広がることになってしまう。逆に観光振興にこだわり過ぎると、観光地としてのまちの姿と住民の日常生活が遊離し住環境としてのまとまりが悪くなる。まちは住民が心地よく暮らす「生活の舞台」であることが基本であり、そこで生活というドラマが日々演じられているととらえれば、来訪者も素直に誘いこんでいっしょに楽しんでしまおうとするコンビビアリティ［注4］をめざすプログラムも成りたつ。住民主体のボランティア活動や種々のイベントによって情報発信をおこない、受信者である来訪者や支持者におもてなしをするとともに、彼らから理解や協力をもらうというコンビビアルなサイクルがまわることで、活動が拡大していく。楽しみあうことは、まさにコミュニケーションの基本なのである。

舞台化：まちを「生涯学習の場」と位置づけ、まちづくりを、文化継承、人間形成の舞台ととらえて諸事業がおこなわれてきたこと。まちには、あらゆる年齢層の人たちや、相互に異なる経歴の人たちが共生している。まちは子供にとっては遊び場であり、大人にとっては多様なコミュニティ活動のプログラムを持ったカルチャーセンターともなり、高齢者にとっては、生き甲斐づくりの交流の場とも位置づけられる。そのようなニーズを正確にとらえ適切なプログラムづくりを進めていけば、新たなまちづくりの方向がみえてくるはずだ。その基盤をなす概念が「参画」である。個人がいて家族がいて、まちという小さな共同体が形成されている。共同体が活発に機能しなければ、その上位の社会づくりや国づくりはいくら行政がやっきになっても進むはずがない。小さな参加から、より大きな参画へと無理なくスケールアップしていく社会づくりの持続的しかけとして、まちづくりは適切なテーマとなりえるのである。

わずか二時間程度の滞在だったが、日本大正村の印象と思い出はとても濃厚なものとなった。それはおそらくこのまちが単なる視覚的な景色や街並みのよさを超えて、生活や人情というような血のかよった「味わい」（コンテクスト）の魅力を持っているからだろう。

恵那にもどる列車を待っていたら、来た時に会釈をしてくれた駅員さんに話しかけられた。国鉄時代に営業係数六五〇（一〇〇円の収入を得るために六五〇円の投資が必要）の大赤字だった明知線だったが、第三セクターになると、必死の営業努力が功を奏し、一一〇程度に飛躍的に向上したという。それでも経営はいまだに火の車であり、社員や国鉄時代のＯＢが集まって企画ミーティングをひんぱんに開いているそうだ。

発車時間が近づいてきて、私の話し相手は運転手さんにかわった。運転台はオープンスペースなので、私は運転助手の位置に立って、流れゆく山里の景色を眺めている。山のなかに「なんじゃもんじゃ」の名木があるらしく、指をさしながら教えてくれた。車内は、宮沢賢治の詩「岩手軽便鉄道の一月」の一節が聞こえてきそうな雰囲気になってきた。「ようくるみの木　ジュグランダー……」、一本の木だって一介の旅人にとっては貴重な旅の思い出になるものだ。

「駅員のアイデアで、列車内での紙漉き体験や寒天料理が楽しめるイベント列車を走らせたりしてるんです。やはり地元の人に楽しんでもらえる鉄道にならなければ」と運転手さん。それでも自家用車やバスにお客を奪われがちだし、少子化で通学生の利用が減少していることは痛手だ。第三セクターを維持していくのは並大抵の努力ではできないと、本音の語り声が、ディーゼルの音より大きくなってきた。（一九九八年三月、二〇〇三年五月取材）

2・2　まちづくりの現地見学

日本大正村を訪問していらい、私はすっかりまちづくりのとりこになってしまった。そして日本全国で展開されているさまざまなまちづくり巡りをはじめたのである。二年間にわたり、ほぼ毎月一カ所のペースで調査をおこない、その取材記を『月間M&E』という雑誌に二一回にわたり掲載した。本書では、参画型デザイニングが顕著におこなわれてきたと思える六事例を取り上げ、簡潔に紹介しよう。

2・2・1　「海の道」を拓く大マグロの貯金箱（宮城県気仙沼市）

「海の道」づくりは、遠洋漁港である気仙沼港を美しくしつらえ直し、観光拠点として整備を進めようとしたプロジェクトである。

輸送システムの発達によって寂れる一方の遠洋漁業のまちを活性化させようと、商工会議所青年部のメンバーが東京の建築家と交流し論議を深めあうなかで、大きなマグロの貯金箱をつくって寄付を集めようとする奇想天外な発想が生まれた。思いのほか多くの寄付が集まり、話題を呼んだ。タイミングよく舞いこんだ「ふるさと創生資金」を使って遠洋漁業の出漁準備岩壁（見送り岸壁）の整備が進み、漁港全体が公園のように美しく整備されるようになった〔注5〕。

気仙沼人の夢想力

美しい入り江が続くリアス海岸は、昔から天然の良港として活用されてきた。気仙沼には、観光船の桟橋である「エースポート」、遠洋漁業の見送り岸壁である「海の道」、そして「魚市場《ぎょしじょう》」が連なっている。

一九八七年に商工会議所青年部が結成されたのを契機に、衰退の一途をたどる遠洋漁業の港町を再興しようとする動きが生まれ、たびたび勉強会が開かれるようになった。遠洋で獲れたマグロは、寄港する世界各地の港町から市場に直接空輸されるようになったため、気仙沼には、マグロ満載の大漁船も羽振りのよい船員たちの姿も見られなくなってしまったからである。

勉強会の講師として招かれた建築家の石山修武は、青年部のメンバーたちに、「世界一のまちづくりを進めよう」と熱く語りかけた。それが〝ホラ話〟の好きな港町の住民気質を大いに刺激し、活発なホラ合戦が交わされるようになった〔注6〕。そのなかから、「世界一大きな貯金箱をつくって、まちづくりの資金を集めよう」というアイデアが生まれて衆議一決。さっそく三カ月後に迫っていた青年部主催の港祭である「ごーごーあんばはん」に、貯金箱の落成式をぶつけようということになった。

幸運なことに、制作費としてポンと百万円を寄付してくれる事業所がみつかり、青年部の総力をあげて突貫工事がはじまった。全体デザインは石山が担当し、マグロとその背中に乗る恵比寿さまの制作は、つきあいのあった群馬の業者に依頼した。設置の基礎部分である外柵については、住民有志のボランティアが力をあわせて制作をおこなった。公共の場所に貯金箱を置くには煩雑な認可を取る必要があったが、青年部の行動力で何とか認可を得ることができ、逆にそれが自治体や議会を味方に引き入れる効果的な広報手段にもなった。

回遊型の漁港公園が実現

こうして世界一大きなマグロの貯金箱（幅五メートル×奥行一・五メートル×高さ三メートル）が完成した。貯金箱の設置後、一年目に「開腹式」が盛大におこなわれた。そのなかに貯まっていた四六万五七一九円を、並木づくりのための苗木やプランターの購入にあて、漁港である海の道を公園化する工事が始まった。ちょうど、竹下内閣が全国の自治体に一億円を均等配分する「ふるさと創生資金」の時期とかさなり、海の道の整備はその資金を拠出する市の事業として引き継がれ、延長五二〇メートル、幅員一一・五メートルの海の道の整備が一気に進んだ。

その成果が高く評価され、魚市場に隣接する観光市場の「海の市」、さらに「魚浜公園」「浮見堂」などの整備が進み、回廊のように港をめぐる観光拠点が完成した。住民発案の小さな運動が市を動かし総合的な環境整備事業に発展したわけである。宮城県の広域圏活性化プロジェクト事業として建設された「リアスアーク美術館」や、みやぎ国体に際して建設された市立総合体育館「ケーウェーブ」など、港町を美しいまちとして整備していく事業が多画的におこなわれている(写真4、5)。(二〇〇一年九月取材)

気仙沼の丘に立つと、南仏をイメージさせるような美しい街並みが一望できる。3K(キツイ/キタナイ/キケン)職場の代表格のような漁業拠点に過ぎなかった気仙沼が、住民の奇想天

写真4：海の道に鎮座するマグロの貯金箱

写真5：海の道に設置されたシンボリックな街路灯

外なアイデアと参画を契機にして、明るく美しいまちに生まれ変わりはじめた。住民レベルでできることは限られているが、港町のシンボルとして協働してつくりあげたマグロの貯金箱がきっかけとなり、ふるさと創生資金という〝富くじ〟を引き当て、市をあげての町整備事業につながっていった。活動主体が商工会議所青年部という事業体であったことから、自治体との連携がスムーズにおこなわれたものと思われる。開発事業を単発で終わらせず、つぎつぎとつなぎあわせて、港を回遊型の公園として一体的に整備しようとしたプログラムの展開は見事であり、魚市場を中心に観光拠点としてもにぎわいをみせている。

青年部有志と建築家・石山修武により大きな盛り上がりをみせたまちづくりであったが、ふるさと創生資金による本格的な公共事業に引き継がれてからは、住民主体によるまちづくりの広がりは顕著にはみられない。また貯金箱が壊されるという盗難事件もおきている。まちの魅力度を継続的に高めていくためには、建物や設備というようなハードウェアの整備だけでなく、住民の意識づくりとまちの担い手づくりを、多彩な参画型デザイニングのプログラムをとおして育てていくしくみづくりが求められる。

2・2・2　神秘の山を魅せるグリーンツーリズム：南会津GSC（福島県南会津町）

過疎の村にある工務店が試みたログハウスの村づくりをきっかけにして、地域の若手住民と新たな住み手となった都会人たちや大学などとの親密な交流が生まれ、グリーンツーリズム（「G・T」と略す）という自然共生型のまちづくりが根づいた。それぞれが得意な能力を活かし役割分担をしあいながら活動をおこない、活動をとおして新たなネットワークが生まれるという循環型・成長型の活動がおこなわれている［注7］。

それからの「はりゅうウッド村」

会津田島町は、江戸時代には日光街道の宿場町として栄えていたが、今は中山間地域の現状にもれず、過疎集落が広がりつつある。田島の町内からさらに山間部に入った針生区は豪雪地帯であり、林業が消滅したあとはスキー場や民宿などの観光業で生計をたてていたが、観光人口も先細るなかで人口はさらに漸減《ぜんげん》し六百人程度となった。針生に本社を置く㈱芳賀沼製作は、日本で初めてログハウスづくりに取り組んだ住宅建設会社であるが、芳賀沼三兄弟の次男である伸さんは、多くの人を針生に招き山の生活を楽しんでもらいながら、寂しさを増す地区の活性化を図ろうと活動を開始した。

「村に遊びにこないか」との呼びかけを、大学の同期生など全国にいる友知人に向けて発信したところ、今までみかけることのなかったアーティストやマスコミ関係者などが集まってきて、にぎやかな異文化交流のプラットフォームが生まれた。そのなかから、ログハウスの別荘村をつくろうという動きが芽ばえた（写真6）。

一九八四年に「はりゅうウッド村」と名づけたログハウスの別荘地を分譲し、それを契機にして筑波大学体育科学系の教員や学生たちとのネットワークが広がり、「ＨＨＰ」と呼ばれる地区の高齢住民を対象とする健康づくり活動が活発におこなわれるようになった（写真7）。

筑波大学とのネットワークをとおして、Ｇ・Ｔの考え方に出会い、先進地イギリスでの調査や日本で先駆的にＧ・Ｔに取り組みはじめていた岩手県遠野市や山形県高畠町とも情報交換をおこなうなかから、共催による「第一回東北グリーンツーリズム　フィールドスタックミーティング大会」（一九九五年）の開催が企画・実行された。同年暮れには「南会津グリーンツーリズム研

写真６：見晴らしのよい傾斜地に建つログハウスの別荘

写真７：HHPの健康づくり体操

究会」を設立、さらにそれを発展させて「南会津グリーンストッククラブ」（「GSC」と略す）が誕生した。GSCでは各種国際大会の開催や山村大学の運営、会津鉄道や東武鉄道とのタイアップによるトレインバイク運動［注8］を推進するとともに、地元の宝である天然記念物「駒止湿原」の保全運動を進めている。（二〇〇一年五月取材）

共生・循環型活動の広がりに期待

GSCの活動は十二年もの長きにわたって続けられ、さまざまな活動成果をあげてきた。しかし、中山間部地域の過疎化に対応しようとするこの先進的な取り組みも、保守的な地域ゆえに自治体や一般住民を巻きこんだ大きなうねりには発展せず、有志によるNPO活動のレベルに留まっている。駒止湿原や、〝お蔵入り〟と称され守られてきた国有林などの自然環境を保全しながら、生活の糧として有効に生かしていく官民一体となった共生・循環型のモデル事業が多様に模索・推進されることが望まれる。

2・2・3　まちを芽吹かせる地・知・治のリゾーム（北海道江差町）

地域住民の自発的な学習プログラムである江差地域大学や、自治体である江差町が長期的に整備を進めてきた「歴史を生かすまちづくり事業」、さらに商店街協同組合員が音頭をとった北前船を回航する運動などが連携しあい、活発なまちづくりが推進された事例である。外部の江差ファンと呼応しあいながら、街並み、社会システム、そして心の環境づくりが三位一体となって着実におこなわれている〔注9〕。

「江差地域大学」と「歴まち」と「夢作宣伝社」

陸路でみれば孤立した僻地のような江差町だが、江戸中期から明治の初期にかけては、北前船による海路での通商で栄え、「江差の五月は江戸にもない」といわれたほどのにぎわいと豪奢《ごうしゃ》な街並みを誇っていた。しかし海運の衰退やニシンの不漁などとともにまちは廃れ、過疎化が進んだ。

まちの誇りを呼びもどし、魅力的、個性的で活力のあるまちづくりを進めていこうとする動きが三方向から芽吹いた。その一つは、正覚院の住職である松村俊昭氏が一九八一年に立ち上げた「江差地域大学」である。因習に縛られ閉塞しがちな狭いムラ社会に外部の新鮮な知を導き入れ、地域の人びとの意識改革を図りながら、生涯学び続けられるような自立、自助、自高の場づくりをおこなおうとするものである。

二つ目は、行政主体により長期にわたって進められてきた「歴史を生かすまちづくり」(「歴まち」と略す)である。さらに歴まち商店街協同組合では、「夢作宣伝社」という大道芸グループが結成され、にぎわいづくりに一役かっている。

江差には、まちづくりを支える強力な外部ファンがいる。江差では、江戸時代から、京都との交易によって独特の文化が醸成されるとともに、まつりごとに対するこだわりや前向きにものごとをとらえる性格、また外部から人を招き入れ歓待する進取の気性などがつちかわれてきた。江差追分の全国大会が大規模に開催されるとともに、地域の祭りである姥神大神宮祭にも、全国から町民数の三〜四倍の来訪者が訪れてくる。そのような江差ファンに支えられながらまちづくりが着実に進められてきた。

地域大学は、哲学や芸術などを含む広い領域からトップクラスの講師を人選して、年六回おこなわれている。二十歳代から八十歳代までの多世代にわたる受講者は、過去最大で有権者の一割にあたる八百人を数えたという。そして補助金に頼ることなく、年間一万円の授業料を自ら支払って熱心に聴講している。これは文部科学省も注目する生涯学習の先取りであり、同時に江差ファンが多領域にわたって増え、ネットワークを全国規模に広げるきっかけともなってきた。地道に継続されてきた地域大学は、年齢層を超えたさまざまな人の学びの場となるとともに、参画型デザイニングを生み出し支える交流や連携の場ともなっている。

「歴まち」のプロジェクトでは、住民参画と外部の人材活用がしっかりと組みこまれ、まちづくりが、「住民同士の徹底した論議」→「行政（町、県、国）への働きかけと財源の確保」→

「実践段階における江差ファン、専門家、業者の協力」というように、リゾーム（地下茎のこと。転じて「地縁力」の意）〔注10〕、ノマド（遊牧民のこと。転じて「交流ネットワーク」の意）〔注11〕、行政の三者連携によるステップアップ方式で進められてきた。「歴まち」のプロジェクトでは、住民のみならず行政や事業者の、まちづくりが持つ文化的側面への理解と支援が大きく役だっている。通りに面する家々の建て替えやセットバックもスムーズに進み、「旧役場本庁舎跡地」の再利用に際してはプランニングの段階から住民が直接参画し、ファシリテーター（仕切り役）の建築家や行政スタッフらとともに「跡地利用基本構想を考える会」を立ち上げ、たっぷりと時間をかけて論議がおこなわれた。このプロジェクトを担当する街なみ整備課では当初から専任スタッフを置き、十年以上にわたってスタッフの配置換えを控えるなど、長期にわたる住民参画型まちづくりの継続性を保証するための配慮がなされてきた（写真8、9）。

商店街では、町民野外劇や仮装大会などのイベントを意欲的におこない、多くの住民参加を得ている。マスコットキャラクターのデザイナーや歴まちの建築家とのコラボレーションも活発におこなわれている。

江差町では、一九八五年に兵庫県で復元建造された高田屋嘉兵衛の北前船「辰悦丸」をゆかりの江差に回航させようというスケールの大きな運動がおこり、四千万円もの浄財を集めて実現された。北前船「辰悦丸」の回航は、一住民の熱心な働きかけが、地元を挙げての大きな運動に発

写真８：整備が進む「歴まち」の街並み

写真９：「ハネ出し」と呼ばれる江差独特の家屋

展し、ついに一年後には江差来航が実現し、一週間にわたり華やかな歓迎のイベントが繰り広げられた。

このように江差では、しっかりとした地元住民のリゾームと、まちの応援団であるノマドの力が相乗的に作用し、バランスのとれた堅実なまちづくりが進められてきた。歴まち通りは、姥神神社や近隣の江差追分会館もエリア内に含む魅力的な観光スポットとして生まれ変わり、商店街振興組合により街かど案内サービスや各種イベントが頻繁におこなわれている。（二〇〇一年十月取材）

江差ファンに支えられて

一九八八年に着工された歴まちプロジェクトは、十六年の歳月をかけて街路事業がおこなわれ、「いにしえ街道」と呼ぶにふさわしい統一性のある街並みが整った。三方向からのまちづくり活動は、それぞれが長い期間をかけて住民参画で育てられてきたものであり、これからも多くの人びとがかかわりあいながら継続的な整備と運営がおこなわれていくことだろう。立地の不便さから、主要観光地として脚光を浴びにくい面があるものの、多くの熱烈な江差ファンの心をつなぎとめ、クチコミでリピータが着実に増えていくような、堅実で魅力的なＧ・Ｔの取り組みが持続的におこなわれていくことだろう。

2・2・4 「いつまでも住み続けたいまち」をつくる：ワーキンググループ（秋田県北秋田市鷹巣町）

若い町長が住民と真剣に対話するなかから、将来に不安のない福祉の推進という課題を導きだした。福祉先進国のデンマークに学びながら公約の実現につとめ、ワーキンググループという市民参画のボランティアグループとの二人三脚によって、全国初の24時間ホームヘルプサービスやまちなかの福祉交流スペースである「げんきワールド」、地域サテライト福祉センターなど、次々とキメ細かい福祉サービスを実現させ、福祉のまちとして全国的に知られるようになった

［注12］。

日本一の福祉のまちづくり

一九九一年に、六期二十四年の実績を持つ前町長を押さえて初当選した四十二歳の若き町長・岩川徹は、「町民のニーズに応える」という公約を実行するために、精力的に町民の生の声を聞き歩いた。その結果、介護の負担や老後の不安がもっとも切実な問題であると判断し、福祉施策を積極的に推進した。その中核に位置づけられたのが、福祉のまちづくり懇話会を発端として生まれた「ワーキンググループ」（「ワーキング」と略す）の活動である。デンマークの「住民合意による福祉の推進」を範にとり、住民が行政と一体となって福祉に取り組むためのメンバー公募がおこなわれ、二十歳から七十歳代にわたる六〇人の住民の自主的参画を得て活動がはじめられた。

ワーキングの住民メンバーは、高齢者の実態調査のために在宅介護家庭の訪問調査をはじめた。その結果、住民にたまっていた不満や要望が一気に噴きだし、多くの課題を抱えて大忙しの状態となった。相互に面識のなかった一〇のワーキンググループに属する住民たちが活発な論議を戦わせ実践的活動をおこないながら「日本一の福祉のまち」と呼ばれる基礎となる優れた提案をまとめあげた。住民を対象とした半額個人負担によるデンマーク視察研修制度ももうけられ、計一五〇人以上の住民が参加し、その成果が町の福祉サービスの充実に活かされた。ワーキングは実践をむねとする生業性の高い活動をとおしてつちかわれたリゾームである。二〇〇〇年の介護保険制度導入時にはワーキングを柱に住民百人が事前参画して「介護保険事業計画をつくる会」が組織され、誰もが納得できるような計画策定に向けて提案がまとめられた。

鷹巣町の取り組みの最大の特徴は、町長が住民に対して町政への参画を呼びかけ、福祉のまちのデザイニングを強力に推進したことである。比喩的に表現すれば、「町長がタクトを振り、住民オーケストラが音楽を奏でる」というかたちといえる。町政と住民のニーズが限りなく一致し、そのなかから、中心商店街に配置された福祉の総合窓口兼住民の交流スペースである「げんきワールド」（写真10）や、学校区ごとの建設をめざした地域福祉センターである「サテライトステーション」、そして日本トップクラスの内容を誇る高齢者住宅複合型施設「ケアタウンたかのす」（写真11）など、つぎつぎと素晴らしい福祉施設が建設された。また24時間ホームヘルプサービスやキメ細かい宅配食サービスなどさまざまな社会福祉サービスも実現された。その実績は高く評価されマスコミにも頻繁に取り上げられ、多くの視察者が訪れるようになった。（二〇〇二年二月取材）

写真10：げんきワールドの交流スペースを共用する高齢者と中学生

写真11：ケアタウンたかのす

福祉を巡る政争の顛末

高齢者福祉に重点をおいた精力的な取り組みに対し、それを首長と一部住民による行政の暴走ととらえる反対派の運動が強まり、二〇〇三年の町長選で岩川町長は落選、築き上げられた住民参画の活動成果の多くは消滅の危機にさらされた。

町長の落選のみならず、介護保険による福祉の裁量幅の縮小や市町村合併など、次々と逆風に見舞われるなかで、鷹巣の住民参画型デザイニングは翻弄《ほんろう》され、後退を余儀なくされた。ワーキングによってつちかわれたリゾームはかろうじて生き残っているものの、首長次第で右や左に振れてしまう行政主導の参画型デザイニングの不安定さやもろさを露呈するかたちとなり、鷹巣町のまちづくりは七事例のなかでは唯一悲劇的な状況におちいっている。町長の強力な推進力が逆に政争を際だたせることになり孤立を招いたこと、また本来は行政が主体となって推進すべき施策運営に住民力が直接的に取りこまれてしまったところに、鷹巣のまちづくりの問題の根源が認められる。今後も継続的に経過観察をおこなっていくべき貴重な事例と位置づけたい。

2・2・5　響き合う「率先市民」のくにづくり：ハボネット（三重県）

住民の主体的な活動能力に注目した自治体職員が、ボランティア活動のバックアップを積極的におこなっている。住民・行政・企業が対等な立場で参加できるプラットフォームをつくり、それぞれが強みを活かしあって、確かな相互信頼に基づく地道な社会活動が推進されている。伊勢や伊賀地域で展開されている「まちかど博物館」づくりは、住民を主役にした地域資産を活かす活動として注目される［注13］。

ボランティアの芽を大樹に育てる

三重県消防防災課の一職員であった平野昌氏は、防災ボランティアと協働する中で種々のタスクが見事に解決されていく様子をみて、住民が持つ社会的ポテンシャルの高さに着目した。平野氏が「みえ歴史街道フェスタ」の担当になったとき、人手不足のため準備が思うように進まなくなり、急遽ボランティアの募集をおこなうことになった。急募だったにもかかわらず五百人以上が集まり、市職員とボランティアが一体となって準備に取り組みフェスタは大成功に終わった。フェスタでは、「参加は全て自前で」という参加のルールをもうけた。そのかわり、謝金に匹敵して余りあるような納得感、すなわち「参加してよかった」と心から喜んでもらえるような運営システムを工夫した。それは、自立的に得意な仕事を選び実行してもらえるような「募集メモ張り出し方式」や、ボランティアを仕切るキーパーソンの役割を重視した「ボランティアセンター方式」（ボラセン）などである。三重では、行政が住民ボランティアと同じ目の高さで協働しあう地道な活動実績が蓄積され、それが行政への信頼感を育ててきた。フェスタが修了した後、ボランティアの中から二百人の有志が立ち上がり、イベント運営の支援を専門におこなうボランティア団体「ハローボランティア・ネットワークみえ」（「ハボネット」と略す）が結成された。

一方、県東部に位置する伊勢市では、住民有志のグループによる「伊勢まちかど博物館」づくりが推進されていたが、遠く離れた県西の伊賀市でも、伊勢のグループと交流することにより、「伊賀まちかど博物館」づくりがはじまった。伊賀では住民ボランティアと行政（七市町村と県）が対等な立場で取り組む「推進委員会」が立ち上げられ、その事務局が県生活文化課内に置かれた。住民と行政スタッフが共にボランティアメンバーの一人という立場で参画するプラットフォームでは活発な議論が交わされ、その結論の実践においては、それぞれの持ち場・立場の強みやコネクションを最大限に活かして実現させていこうとするしくみが構築された。伊賀まちかど博物館は、二〇〇〇年に四一館が開館し、観光拠点が弱かった伊賀に新たな観光資産を生みだした。まちかど博物館に選ばれた個人商店の店主などのなかには、自分の店が〝博物館〟と呼ばれ、自身が〝館長〟と位置づけられることによって、生きがいや元気を取りもどすケースも観察されるようになり、現在は一三六館に増えている（写真12、13）。住民力の活用は、更に熊野古道の世界遺産登録の際にも有効に活用されている。県を核に、市町村、事業所、住民、大学などが一体となって取り組む「東紀州地域活性化事業推進協議会」が結成され、熊野古道をメインとした集客交流による地域活性化活動が着実に展開されている。

写真12：博物館に指定された名物の「かたやき屋」

写真13：絵手紙博物館での森田館長（右）との語らい

三重での参画型デザイニングの取り組みは、行政と住民の堅い相互信頼のもとに着実に成長している。東海沖地震を想定した防災ボランティア活動をベースに新たな参画型デザイニングの取り組みが全県に広がり、住民参画を事業推進の前提ととらえ組織的に取り組もうとする三重の国づくりが高いレベルで実践されている。(二〇〇〇年三月取材)

三重方式の形成

防災ボランティア活動という地味な活動に県が注目し、有志の参画を募りながら、まちかど博物館など官民一体でさまざまなプロジェクトを立ち上げバックアップし育成してきた。そして熊野古道の世界遺産登録に際しては、つちかった住民力と官民のネットワークを総動員して〝三重方式〟とも呼べるほどの参画型の国づくりシステムが構築された。一般公募で集った市民プランナー、行政職員、県内他地域のサポーターが一体となり、三年間にわたってワークショップをおこない、「熊野古道アクションプログラム」を立案した。この活動をとおして、あらゆる関係者が一堂に会する熊野古道協働会議が設置され、世界遺産登録イベント、熊野古道ルール、熊野古道センターなど、多くのプロジェクトが実行された。欧米先進国に対し遅れているといわれる住民自治意識が参画型デザイニングの実践をとおして成育していく過程を観察することができる。

2・2・6　伝統工芸のまちを磨く：ギャラリーわいち（石川県輪島市）

行商の長い歴史をとおして全国的に有名になった漆芸を、伝承すべき伝統産業ととらえるだけではなく、全国の愛好家と工芸作家とが親しく交流しあえるような情報資産として再活用し、多くの人を輪島に招こうとする〝迎商〟活動が、Uターン組の若い作家や経営者たちのネットワークにより推進されている。街並みの整備や多様な人びとが参加するイベント企画との複合効果によって賑わいエリアが広がり、新たなまちのすがたが形成されている［注14］。

若き匠たちの産業革命

都市圏の大手企業勤務から輪島にUターンした輪島の老舗漆器業者や和菓子屋の跡取りたちが、伝統工芸のまちの将来に対して危惧の念を抱きはじめた。朝市が開かれる観光名所の本町に対しては街路灯整備等の補助金支援がおこなわれてきたが、路地一つを境にした中浜町には何の補助もないという〝まだら模様〟の市街地整備事業の現状に問題意識を持った中浜町青年部八人衆が、結束してまちづくりに乗りだした。

論議のすえ、整備資金の獲得のためには商店会という組織をつくる必要があるという結論に達し、通りに面した一軒一軒に商店会への加盟と負担金の供出を呼びかけた。熱心な説得により半年で四六軒すべてが加盟し「中浜町商店会」が結成され、街路灯の設置が実現した。さらに任意団体である商店会から法人である商店街振興組合への発展をめざした。また、大型観光バス用の駐車場が本町側に集中していることに着目し中浜町の東に位置する重蔵神社の一部使用許可を取得して駐車場を新設、朝市に向かう観光客の動線を中浜町通りに導いた。その三年後に「わいち商店街振興組合」が結成され、祝賀ＰＲ事業として「わいち界隈ふれあい事業」を企画実施した。またメンバー制の「わいち倶楽部」をつくり、輪島の食文化を楽しみあうイベントなどを次々と企画・実行し、さまざまな人を誘いこみながらネットワークの拡大と充実をめざした。

このような活発な活動が高く評価され、わいち商店街は石川県の活性化モデル商店街支援事業に認定された。三カ年にわたり空き店舗の再利用や個人商店の改築を含め一億円の補助金が支給されるもので、これを活用して中浜町商店街にはなかった漆の店「ギャラリーわいち」を開店させた。さらに建設省（当時）の「賑わいの道づくり事業」の指定を受けて協議会が設置され、全国市街地初の電柱地中化や自然石を敷き詰めた舗装路、多目的トイレとタウンモビリティステーションを合体させたバリアフリーステーション建設など、総額四億六千万円におよぶ大事業が実現した（写真14）。

迎商のまちへ

青年部では、老舗木地師の跡取りである桐本泰一氏を中心に、行商と塗師屋（大問屋）によって発展してきた漆産業のあり方を根本から考え直し、「行商から迎商へ」というコンセプトのもとに、さまざまなかたちで伝統産業の持続的発展に向けた実践活動を立ちあげた。つくったものを全国に出荷して売るというだけでなく、多くの人を輪島に招き、漆器の生まれ故郷でゆっくりと滞在しながら作り手と直接交流して楽しんでもらおうとする試みである。ギャラリーわいちの出店も、そのための重要なプログラムの一つである。

漆の製造工程の改革にも取り組み、塗師屋を元締めにして工程ごとに細分化されていた専門職人たちを、新たな連携の場づくり・コトづくりに誘いだした。職人やおかみさんたちの参画を募ってそれぞれの知恵や技能を活かし、まったく新しい漆製品の開発をおこなう「商品開発研究会」をつくり、市の補助を得ながら首都圏などで開催される各種イベントに積極的に参加している。それがマスコミや雑誌に取り上げられ新たなユーザー層の開拓やファンの拡大につながっている（写真15）。

市では、わいちの通り沿いに「輪島工房長屋」を新設した。輪島塗の木地づくりから、漆塗りの蒔絵《まきえ》、沈金《ちんきん》など、各種の工房を集めた交流施設であり、まさに迎商型産業の拠点となる施設である。伝統と呼ばれるものに無為に従うことなく果敢にまちのあるべき姿を模索しようとする若手を核とする住民たちと、それを支えようとする行政との二人三脚の活動で、まちが日増しに整えられている。

都会でビジネスマインドをつちかった若手後継者が夢を持ってUターンし、その行動力と連携力を活かしてスケールの大きなまちづくりを成し遂げた。歴史ある漆芸とその行商形態、また観光のかたちが時代の変化に対応できず頭打ちになるなかで、若い力がまちの力をよみがえらせ、多様な世代の人びとを招き入れた迎商型のまちづくりが進んでいる。まちづくりを、「かくあるべし」という意図に基づいて、住民のみならず市、県、国をも引き入れながら戦略的に推進した成功事例である。(二〇〇一年三月取材)

写真14：わいち通りの街並み

写真15：迎商の目玉の１つである職人さんとのふれあい

2・3　まちづくり事例についての考察

全国各地で展開されているまちづくりを取材して強く実感したことがある。それは、「まちづくりのかたちは、まちの数だけある」という事実だった。まちは、均質化する街路景観や全国共通のコンビニやスーパーマーケットの店構えなどとは根本的に異なる特質を持っている。人の姿かたちが一人ひとり違うように、人の集合体であるまちも、まわりの自然環境や長い時を経て形成されてきた文化や社会環境、そして住まう人たちの心的環境を反映し、実に多種多彩、個性的なのである。そこでまず七つのまちづくり事例に共通する特徴点について考察をおこなった。

「ハコモノづくり」から「ヒト・コト・バ・モノづくり」へ

まず明らかなことは、住民が主役のまちづくりが、一般的なまちづくりのようにハコモノ（ハードウェア）志向の〝街並み整備〟だけに終始してはいない、ということである。今までまちづくりとは無関係だった人びとが意欲的に参画し、協働の場を形成し、多様な物語づくりを、じっくりと腰をすえて取り組もうとしている。それは「ヒト・コト・バ・モノ」（人・事・場・物）という諸要素を含有した協働の舞台である。そこには、一人ひとりの持ち味や力能を活かしあうことで元気や生きがいを生み出し、それがさらに高度な実践力を育てる、という「スパイラル（らせん）状の成長過程」が観察できる。そのような活動をとおして、同じ価値観を共有するコミュニティづくりが展開されてきたといえるだろう。

しかし、一見高度にみえるこのようなまちづくりのプログラムは、かならずしも、問題発見・課題解決というようなしかつめらしい改善型活動としておこなわれるものではないし、特別な設計力や運営力を必要とするものでもない。ちょっとした動機から、住民に潜在する遊び心が刺激され、いっしょに楽しみあおうとするコンビビアル（互いにイキイキと高めあう関係）なプログラムが実践され、強い連帯感が生まれ育っていく。そのさまは、子どもの頃のワンパク遊びにそっくりなのだ。

柳家小さんの名演目、「長屋の花見」という噺《はなし》を例示してみよう。桜が満開の季節になったが、貧乏長屋の住人たちは、銭を稼ぐ気力も花見を楽しむ元気もない。そこで大家が一計を案じる。タクワンを卵焼きに、生ダイコンを蒲鉾《かまぼこ》に、番茶を酒に見立てて、花見と洒落《しゃれ》こもうと誘いかけた。その道ゆきを楽しみあう長屋の住人達のにぎやかな様子が生き生きと語られる。「大家さん、近々、うちの長屋にもいいことがありそうですぜ」、「なぜだい？」、「茶碗の中に、立派な〝酒柱〟が立っております」、なんてオチで終わる噺だ。そこには、金はないけれど知恵を絞って生活を楽しみあおうとする人たちの豊かな遊び心が感じられる。

『釣りバカ日誌』というコミック／映画〔注15〕では、目的志向の企業活動と、参画志向の趣味的活動との対比が物語の核となっている。主人公のハマちゃんは、大手ゼネコンの万年ヒラ社員である。ビジネスよりも趣味の釣りを生きがいとしてきたからだ。とあるキッカケから、何と社長のスーさんがハマちゃんの釣り弟子となったことから、主従演じ分けの騒動が日本各地の釣場を舞台に展開されていく。このストーリーで興味深いことは、釣りという同好会的共同作業が、何の組織も指示もなく、釣り仲間たちのあうんの呼吸でおこなわれ、その結果として皆が心からの充足感を共有するという構図を持つことである。対比的に描かれる会社業務は、しっかりとした目的と組織、そして指示に基づいておこなわれるにもかかわらず、なぜか窮屈でギクシャクしている。なぜならば、現代のビジネス社会は、遊び心や夢を満たしてくれるドラマ性に欠けているからではないだろうか。

2・4　演劇性への着目：協演の舞台

高度経済成長の時代においては、人びとの消費欲求を刺激し続ける巨大産業システムと、魅力的な有料サービスに身をゆだねることから生じる人びとの自律性のマヒによって、さらに経済が巨大化されていくというような〝負のサイクル〟がみられる。参画型デザイニングは、そのような社会の方向性に対し、個々人の持つ力能を掘りおこし、それらを連携させて活動体を生成させ、固有の価値をつくろうとする新たな動きととらえられる。すなわちそれは、お互いに自分が生まれ持った個性を表現しあい活動体での役割を演じあいながら魅力的な物語を展開しあおうとする「演劇性」を有しているのである。参画型デザイニングの演劇的特質について、さらに深く考えを進めていこう。

演劇は、「四要素」から成り立つ、といわれる［注16］。「俳優（演技者）、観客、戯曲（劇的行為）、劇場（舞台）」という四要素は、参画型まちづくりの活動にピッタリと合致しているようにみえる。モノづくりのみが過度に目的化され、緻密な分業と厳しい指揮系統をむねとする産業技術社会の陰に隠れていた「演劇」という人間性に満ちた自己表現行為が、再び蘇《よみがえ》りつつあるのではないだろうか。参画型まちづくりにみられる特質を、演劇の要素に当てはめて考察してみよう。

2・4・1　演劇的土壌の形成：俳優と観客の関係性　「パフォーマンスとプレゼンス」

パオロ・ベルノは、労働行為と政治的行動が同一化していくようなポスト・フォーディズム（脱賃金労働）の時代を、「マルチチュード」（多数性）［注17］というキーワードで表している。

ポスト・フォーディズムの時代における労働行為とは、生活のためにしかたなくおこなう生業ではなく、個人の生活感や信条が反映された「生きがいとしての生業」である。ベルノは、アリストテレスが説いた「名人芸」という概念を援用しながら、「私たちのひとりひとりは、すでに最初から、パフォーマンス芸術家なのです。（中略）名人芸という概念を基礎づける経験は〈話す存在〉の活動です」と述べ、個々人に内在するパフォーマー（実演者）としての表現行為と、それが生み出すプレゼンス（存在感）が社会をダイナミックに動かしていく時代を予見している。マルチチュード論は、生業という一人ひとりに備わった名人芸を活かしながら社会を協創の場に整え直していこうとする参画型デザイニングに共通する考え方であるといえるだろう。

「リゾーム」と「ノマド」

生産性や利潤性を最優先させる大企業の論理がつくりだす強力な全国区のブランドが地域を均質的に塗りかえていく反面で、地域にしっかりと根を張っていた地域固有の地縁力、すなわちリゾーム（地下茎）が根腐れを起こしはじめている。参画型まちづくりは、地域固有の資産を再認識しながら、リゾームを治癒・再生させようとする動きであり、その過程をとおして地域のパフォーマンス力も再生されていく。さらにまちづくりの活動をその地域だけに完結させることなく、各地から多くの来訪者（ノマド）や共感者を招き入れ、共有テーマのもとに交流・連携しあおうとする動きもみられる。そこから俳優と観客という対の関係が生まれ、演劇的土壌が、ごく自然に培われていくのである。

2・4・2　演劇の展開

「象徴」的テーマの存在

参画型まちづくりには、一瞬にしてそれとわかる明快なテーマ、すなわち「演目」が設定されている。「大正村」「マグロの貯金箱」「ログハウス村」「いにしえ街道」「ワーキング」「まちかど博物館」「わいち」というように、それらは決して総花《そうばな》的な演目の品ぞろえではなく、軸足がしっかりと一つのテーマに置かれているのである。明快なテーマづくりのためには、お国自慢のもととなる「象徴資本」の発掘や設定が必要である。「豪商の家並み」「遠洋漁業の港町」「お蔵入りの山々」「北前船での交易」「北欧レベルの福祉の実践」「ボランティア市民力」「伝統工芸」というように、他には真似のできない個性的な象徴資本の存在が確認できる。

連携する演者たち

起爆者の存在：物語の始まりにおいては、起爆者のはたす役割が重要である。起爆者がいなければまちづくりの活動は生まれない。たとえば日本大正村づくりは、写真家の沢田正春が「大正村と宣言すれば人は集まる」というご託宣のようなことばを発したことからはじまっている。気仙沼の青年会議所メンバーや、南会津の芳賀沼兄弟、鷹巣町の岩川町長、輪島の中浜町青年部八人衆などは、それぞれ強力な起爆者といえるだろう。

促進者の存在：起爆者だけでは、まちづくりは発火しない。起爆者の思いを受け、それを本格的なまちづくりにつなげていく促進者の存在が必要である。日本大正村では、沢田の提案を受けて町の有志が動きだし、明智町も支援を惜しまなかったことから、ノマド役をはたすことになる東京大正会とのつながりが生まれ、本格的なまちづくりが開花した。気仙沼でも自治体が支援し、その他の事例でも県や市町村など自治体が支援するケースが多くみられた。南会津では、筑波大学の教員や学生たちが継続的な支援をおこなっている。促進者によって、小さな発火現象が仕掛け花火のように広がっていく様子が観察できる。

調整者の存在：まちづくりを継続的に成長・発展させていくためには、長期にわたり運営を担う仕事師集団が必要である。日本大正村は第三セクターになって経営が安定した。その他のまちづくりでも、複数のキーパーソンによる連携体制が確立されていく様がみられる。多くの場合、育ってきた活動を自治体が支援する傾向が観察できた。

このように、起爆者→促進者→調整者というバトンタッチがタイミングよくなされることにより、まちづくりは大きく育っていくのである。

戯曲の展開

戯曲に「起・承・転・結」があるように、まちづくりにも、劇的なストーリーの展開がみられる。日本大正村は、鉄道の廃線化が検討されることによって、陸の孤島となりかけた危機的状況が、第一幕の「起」点となっている。〝ダメもと〟でおこなった日本大正村立村宣言がたまたま話題を呼んだことが「承」となり、やがて東京大正会との交流によって「転」が起き、まちの整備という「結」につながっている。その他のまちづくりもほぼ同じように、危機的状況が引き金となってある種の試みがなされ、その成果がきっかけとなって本格的な取り組みがおこなわれ、まちが整っていくという共通した筋書きがみられる。行政主導のまちづくりにみられるような、[事業予算＋実施設計➘計画に沿った施工➘完成・検収＝完了]というような計画を淡々とこなす〝終わりをめざす〟プログラムではなく、予期せぬ出来事や運のよさ、あるいは成りゆきというような神秘的な側面を有しながら成長していく〝メイク・ドラマ〟が参画型デザイニングの特質なのである。

舞台の整備

演劇の四要素の一つとして舞台が位置づけられているように、まちづくりにもドラマ（戯曲）が展開される舞台が存在している。その舞台には、出演者がドラマを演じあう演台としてのプラットフォームと、舞台を引き立てる背景としての大道具や小道具がある。

参画型デザイニングのプラットフォームには、役職と呼ばれるような上下関係や指揮命令系統は存在せず、あらゆる演者は自分の意志にしたがって〝あうん〟の呼吸で演じあっているようにみえる。それは演劇用語でいう「ワークショップ」のかたちそのものなのである。

ワークショップの背景として、地域特有の自然環境や、歴史・文化というような社会環境、そして個々人の生業や価値観が投影され、巧みな舞台が展開されていく。

2・4・3　まとめ―まちづくりと演劇とのアナロジー

七つの事例にみられる諸特性への考察をとおして「参画型まちづくりには、演劇とのアナロジー（類似性）がみられる」という思いを強く持つことができた。「俳優」「観客」「戯曲」「舞台」という演劇の要素を、まちづくりに適用しやすい「プラットフォーム」「コトづくり」「地域資産」という三つのキーワードに置き換えてまとめ直してみよう。

プラットフォーム（協演の舞台）

参画型デザイニングを育てるのは、演劇的土壌である。それを豊かにするには、協演の舞台である「プラットフォーム」をつくり整える必要がある。まずは、グループ同士の集まりの場をもつことである。そこでの住民同士や住民と来訪者とのふれあいをとおして、本格的なプラットフォームが形成されていく。

地域資産（戯曲のテーマ）

まちづくりを起動させるには、その入口として、多くの人びとが感性的に共有できるわかりやすいテーマが必要である。自然資産（気候、風景など）、文化資産（歴史、習慣など）、社会資産（気質、風習など）、個人資産（生業、技能など）というようなさまざまな地域特有の資産をしつらえ直して効果的に活用することにより、他に真似のできない象徴的な演目をみつけだすことができる。

コトづくり（俳優・観客の協演関係）

プラットフォームを舞台とし、地域資産を演目として演劇が展開されていくが、そのような時間軸を持った創造行為を、「コトづくり」と呼ぶ。コトづくりという演劇は、起爆者やわずかな促進者たちによって小規模に始まるが、やがて好奇心を持った参加者を招き入れて協演関係が広がり、にぎわい豊かな物語づくりに発展していく。ただし、大きな成功譚《たん》を目標としてはならない。テーマが異なるように、コトづくりもそれぞれに無理のないスケールで継続されることが望

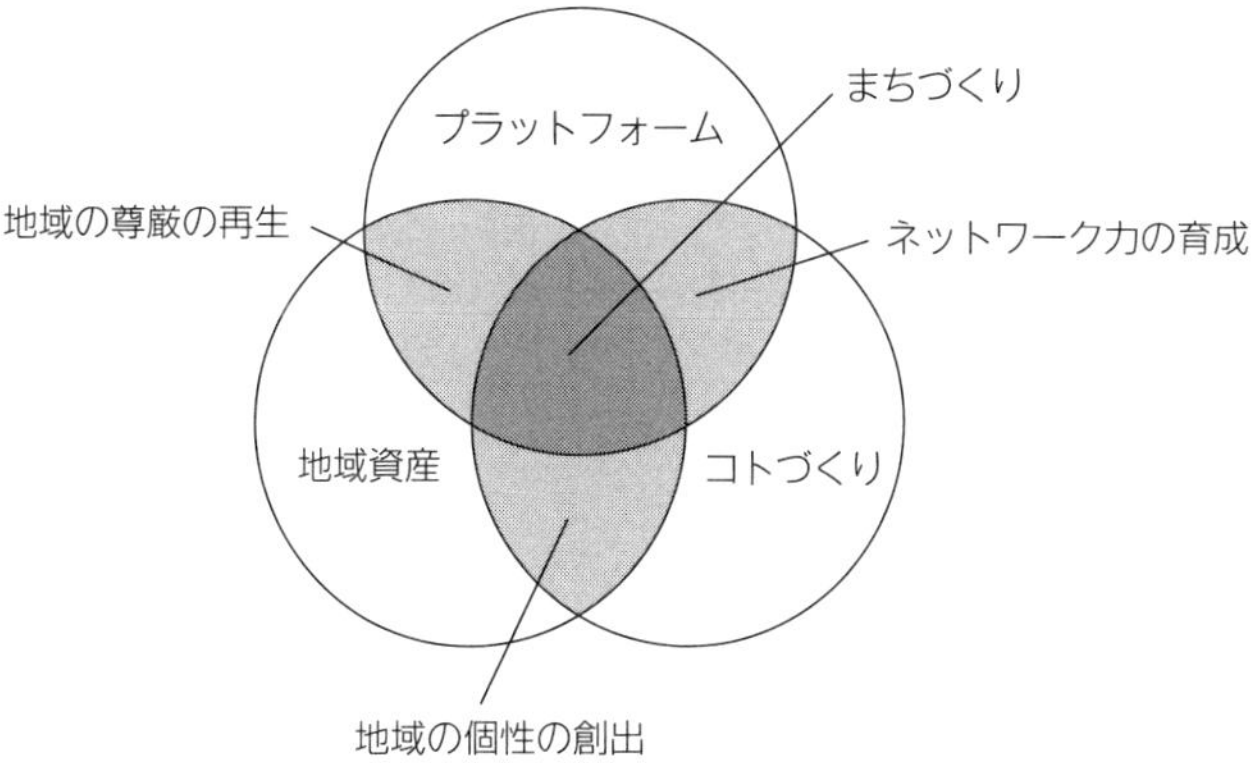

図１：プラットフォーム、地域資産、演劇性の掛けあわせから生まれる価値の概念図

ましい。

以上の三要素は、個別に機能するのではなく、相互に関連しあいながら地域を豊かに高めていくように思える。プラットフォームを活かしながら潜在している地域資源を象徴資本化することにより、住民たちの「地域への尊厳」が生まれることだろう。プラットフォームを活かしたコトづくりでは、その実践をとおして連携と交流が生まれ、それがネットワークの萌芽とネットワーク力の育成につながっていくだろう。そして地域象徴資本を生かしたコトづくりにより、「地域の個性」が創出されていくことだろう（図1）。

2・5　参画型デザイニングの必然性

まちづくりの成功事例を訪ね歩きながら、地域への期待はますます大きく膨らんできた。地域は〝お荷物〟なのではなく、むしろ日本の将来を支える〝宝の山〟ではないかとさえ思うようになった。太平洋戦争後にアメリカから伝播した高度経済成長社会の進展のなかでうなりをあげてきた使い捨て文化やマネーゲームなどがひとときの祭りだったとすると、これからは祭りの残滓《ざんし》をきれいにかたづけて、しっかりと地に足のついた日々の暮らしを取り戻さなければならない。働き盛りの若年・壮年の人びとだけでなく、お年寄りも子供たちも、障がいのある人も外国人も、あらゆる人びとが地道な生活を送りあえるような島国日本型の生態的社会を整えていくべきである。消費社会の矛盾をかかえながら肥大化し続ける経済主導型社会のなかで、深刻な制度疲労をおこしつつある現代社会を根本からとらえ直し、適切な制度設計とその実践を試みる必要があると思うのだ。少子高齢化や過疎化、産業の衰退が進む地域は、その先端的実践フィールドと位置づけられるべきである。そのような社会の大転換を進めるエネルギーは、個々人のなかに内在している力能、すなわち得意技とか名人芸というような生業性から生みだされるはずである。このような一人ひとりの小さな力能を活かしながら、実践をとおしてそれらを総体化し、社会を変える力として育ててゆくマネジメントのかたちが「参画型デザイニング」なのである。

このような視点から地域の現状を観察すると、すでに各所で意欲的な参画型デザイニングが芽吹き枝葉を広げていることがわかってくる。そこで、参画型デザイニングの意義と必然性について、いくつかの既往研究を参照しながら考察してみることにしよう。

2・5・1　ポスト「熱い社会」の概念　―社会のパラダイム転換

参画型デザイニングの広がりは、単なるブームのようなものではなく、現代社会が大きな転換期にさしかかっていることを暗示する現象かもしれない。その論拠として、フランスの人類学者レヴィ＝ストロース（一九〇八―）が唱えた「冷たい社会と熱い社会」という学説に注目してみよう［注18］。

レヴィ＝ストロースは、人間の社会が、「冷たい社会」から「熱い社会」に大転換している、と指摘した。冷たい社会とは、有史以来のバナキュラー（土着的）な部族社会を指すもので、限りある資源をできるだけ有効に活かし分配するために、エネルギー消費量を極限まで絞り込み、安定を保とうとする特性を有している。冷たい社会は多くの未開の部族に共通する社会構造であり、日本において近年まで一般的だった〝村社会〟と呼ばれる地域社会や家父長制も冷たい社会に特有のかたちといえるだろう。それに対して、熱い社会と称される近代以降の都市は、巨大

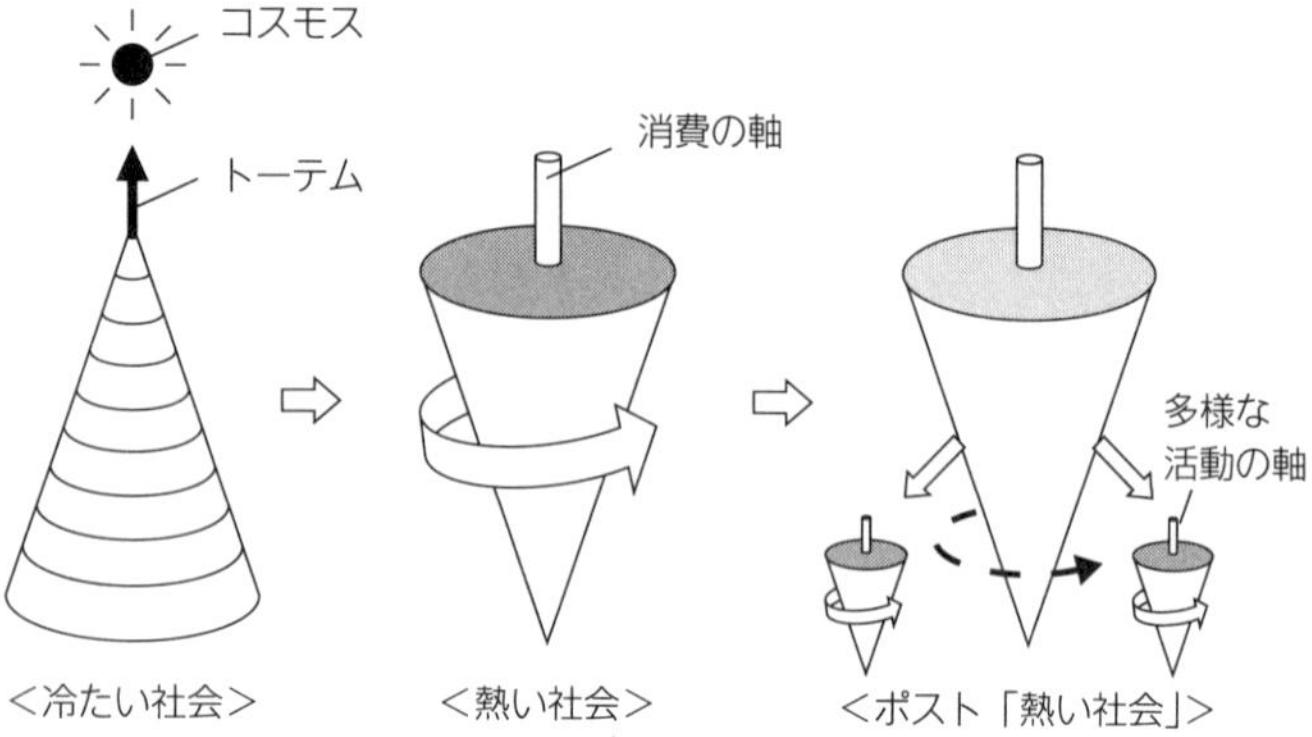

図2：冷たい社会と熱い社会の概念図

なエネルギーを刻々と消費しながら、ひたすらダイナミックな運動を続けているのである。

経済学者である浅田彰（一九五七―）は、冷たい社会の構造について言及し、原始時代において曖昧なかたちで共存していた自然環境と人間社会が、徐々にコスモス（宇宙）とノモス（人間社会）という上下に分割された構造を呈するようになり、その間に存在するトーテム（神と人間の中間的な存在であり神聖なものの象徴）が二つの異次元世界を結びつける役割を果たすようになった、と述べている［注19］。その構造を概念図化してみると、トーテムである部族の長を頂点とし、序列が厳しく定められた〝円錐のようなかたち〟が描ける。固い規律で縛られた階層型社会は、あらゆる変化や異質なものの存在を否定し、あくまでも絶対的な安定をめざそうとするのである。〝村八分〟とか〝出る杭は打たれる〟ということばは、冷たい社会の掟を特徴的に物語るものといえるだろう（図2）。

コマのように自転する「熱い社会」

それに対して、たとえば一九三〇年代以降のアメリカから世界に広がった「高度消費社会」は、一転して、過剰なエネルギーを絶え間なく消費しながら、市場経済の発展という「一方向への絶えざる前進」を特徴とする典型的な熱い社会である。このような熱い社会を概念図で表してみると、安定していた「円錐」（冷たい社会）が上下逆転したかたち、すなわち消費という軸を中心にして勢いよく回転する巨大な「コマ」のかたちがイメージできる。このようなダイナミックな社会は、本質的に不安定で危なげな特質をもっているのだが、消費欲求の強い人たちが、「もっと！　もっと！」とかけ声をかけあい、群れをなして欲望を刺激しあうことによって強力な回転エネルギーが生みだされ、社会の活力と安定が保たれるのである。浅田は、そのような過剰な社会が早晩破局を迎えることを予測しながら、熱い社会においては「破局は先へ先へと延期され、人びとはかりそめの安定を得ることができる。何ら絶対的基準を持たぬまま、より速く、より遠くまで進むことのみを念じてやまないのである」、と述べている（図2）。収支があわないのだから、いずれ破算することになるということはわかっていても、浪費をやめないという風調は、熱い社会の特質といえるだろう。

こうして七十年以上も激しく回り続けてきた消費社会のコマは、徐々にそのエネルギーを消耗しつつ、いつしか〝成熟期〟を迎え、〝モノ離れ現象〟と呼ばれるような消費のモチベーションの弱体化によって、その回転は徐々に減速しつつある。一般的な経済論の視点では、そのコマは、少子高齢化による購買意欲の低下や社会負担の増大、あるいは発展途上国への産業の流出や国内産業の空洞化などにより、早晩自立が困難となり倒れてしまうのではないか、と危惧する悲観論につながっていく。それ故に少子高齢化や過疎化は、消費の維持・拡大を前提とする熱い社会においては、おそろしい終末を予兆させる現象とみなされるのである。

多軸の小コマに分裂する「ポスト「熱い社会」」

消費社会の進展のなかで、自律性を麻痺させられた消費者集団のなかから、新たに生成されはじめた自立的な活動体は、そのような悲観論に「否」とする見解を突きつける。消費の大コマは倒れるのではなく、逆に、多様な社会的価値を中心軸とする小さなコマに分裂しながら、ますます激しく回り出すだろう。そのような無数のコマを自律的に回転させる動力の一つが、参画型デザイニングという生業性を有する運動体なのである（図2）。

熱い社会の典型と考えられる高度消費社会は、有史以来ずっと自然の摂理によってコントロールされてきた未開の村社会から人とその社会を解き放ち、人が自らの知恵と力で自律的な歩みをはじめるために必要不可欠な学習のプロセスであった、ととらえてみたい。人はやがて消費という一元的な価値観から解き放たれ、それぞれの人が、持って生まれた特技や感性的な好奇心のおもむくままに多様な価値観の存在を認めあい、趣味や志を同じくする者が協働して共有しあう価値観を中心軸とする小さなコマを次々と生み出し、回しあうようになる。そのような小さなコマ、つまり小さな全体性をもつ集団ユニットが、ウェブのように結びあい刺激しあいながら活動しあう有機的な熱い社会を、「ポスト「熱い社会」」と呼びたい。そのような社会では、自己実現をめざす行動が社会的価値規範として共有され、さまざまな参画型プログラムの生成や、NPO、ボランティア活動というような組織体の増殖が、ますます促進されていくことが想定されるのである［注20］。

2・5・2　「欲求段階説」―自己実現への希求が生み出すダイナミズム

それではなぜ、消費欲求という一軸だけを中心にダイナミックに回転してきた熱い社会のコマが減速し、そこからはじき出されるように多様な価値軸を持つ小コマが飛び出してくるというようなイメージが描けるのか。その必然性を、人の欲求という観点から考えてみることにしよう。そのために、アメリカの心理学者A・マズロー（一九〇八―一九七〇）が唱えた「欲求段階説」を参照してみたい。

マズローは、人間の欲求を五段階に分け、人は下位の欲求が充足されると、その上位の欲求を求めるものであるとした。五段階とは、「生理的欲求」→「安全の欲求」→「所属と愛の欲求」→「承認と自尊の欲求」→「自己実現の欲求」である。前掲の冷たい社会／熱い社会／ポスト「熱い社会」との相関を考えるために、欲求の五段階を、「必要条件」「充分条件」「絶対条件」という三つの段階に分類し、それらを照らしあわせながら論じてみよう。

まず第一段階として、「必要条件」が求められる段階を想定してみる。人の生活において最優先されるのが「生理的欲求」であることは、災害時の避難所をイメージするまでもなく自明の理である。「メシが食えればよい、雨風さえしのげればよい」とするようなレベルの欲求である。さらにそれが安定して保証され、安心して暮したいとする「安全欲求」が満たされれば、生活の満足度はかなり向上することになる。この二つの欲求は、食料や家というようなモノに関わる「量の価値（Quantity）」が重視される段階であるともいえる。そのようなレベルの欲求の充足が目的構造化された社会が、冷たい社会であったといえるだろう。

第二段階は、「充分条件」が求められる段階である。「暖かく裕福な家庭を築きたい＝所属と愛」、「それなりの職や地位を得て、人からうらやまれるような豊かな暮らしがしたい＝承認と自尊」というような、より高次な人間的欲求であり、量の充足だけでなく、豊かさを実感しアピールするための記号である高級感とかブランド性という「質の価値（Quality）」が重視されるようになり、人びとはそのような上質なモノの収集に励むようになる。このような欲求が、消費社会をかたちづくり、熱い社会の発展を招き支えたと考えられる〔注21〕。

唯一絶対の欲求

第三段階は、「絶対条件」が求められる段階である。だれからもコントロールされることなく、「自分らしく生きたい」「生まれてきた意味を確認したい」というように、自分が本心から求めているもの、あるいは自分の一生をかけて突き詰めていきたいものを探求しようとする、まさに「自己実現」を希求する段階である。ここにおいて欲求はモノから逸脱してコトに向かい、生きることの必然性を求めて「意味の価値（Quest）」にこだわるようになるのである。

マズローの説いた欲求の五段階と照らしあわせながら紹介した「三つのQ」、すなわちQuantity（量）、Quality（質）、Quest（意味）は、私がプロダクトデザインを実践的におこなってきたなかから体験的に導きだしてきた知見である。それは社会の情報化とも矛盾なく同期している。量的価値は定量的に計りえるわかりやすい価値であるが、質的価値については、よりよいものを見分ける〝見立て〟の能力が必要になる。それを代理しながら熱い社会を牽引してきたのがメディアが発信するマス情報であり、多くの人に共有されえる「ブランド」という尺度だった。情報化の更なる進展によって、インターネットに代表されるようなウェブワークが一般的に

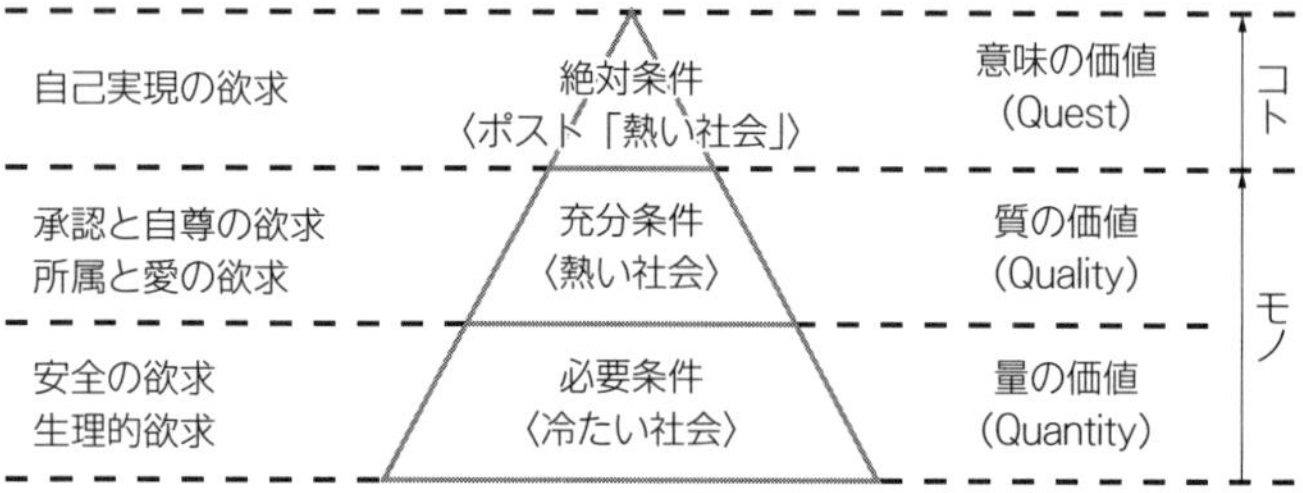

図3：欲求段階説と3つのQの相関図

なるとともに、近似した特性を持つ原始的な情報手段である〝クチコミ〟が注目されるようになっている。質の時代において情報発信の主役を演じてきたマスメディアにかわり、マイナーながら深みのある豊かな意味と物語性を秘めた情報が求められるようになっている（図3）。

ポスト「熱い社会」において芽吹きはじめた活動体にはさまざまな種類があり、それらは共通して「この指止まれ」型の開かれたプラットフォームを特徴としている。活動の実践をとおして、同じような価値観を有する仲間が自然なかたちで選別され、固い絆が構築されることによって、小さいながら活発に回転する小コマが形成されていく。それが老いをも超越し健全な経済活動を支えるようになるだろう。ポスト「熱い社会」は、もっとも高次な欲求を満たそうとする社会である。社会は破滅に向かっているのではなく、逆に、より高度な次元に向かっている、ととらえたい。

2・5・3 「エコゾフィー論」―脱テクノストレスのためのソーシャルセラピー

ポスト「熱い社会」への転換、そして参画型デザイニングの成長に必然性があることを、「環境」という観点から論考してみよう。その論拠として、フランスの精神科医師であり哲学者でもあったフェリックス・ガタリ（一九三〇―一九九二）が唱えた「エコゾフィー論」を参照してみよう［注22］。

フェリックス・ガタリは、実利の追求を基軸に発展してきた現代社会を根本から見つめ直し、自然、人間社会、そして人の心という三つの環境の共生をめざすポスト構造主義的な思想を展開した。二十世紀における急激な科学技術の進展と生活環境の変容は、地球規模でのエコロジー的アンバランスを生じさせている。ガタリはこのような状況に警鐘を鳴らし、その修復をめざす概念として「エコゾフィー」を提示した。エコゾフィーとは、エコロジーとフィロソフィーを結合した造語であり、社会的、精神的、自然環境的エコロジーという三つのエコロジーが接合された状況を示している。ガタリは、「三つのエコロジー的な作用領域、すなわち自然環境と社会的諸関係と人間的主観性という三つの作用領域の倫理、政治的な接合だけが、この問題（テクノストレスの増大）にそれ相応の照明をあてることができる」と述べ、諸要素を個々単体のものとして検討するのではなく、全体的にとらえる発想が必要であると述べている。資本主義や社会主義というような特定の思想体系を当てはめることでは解き明かせないほど複雑きわまりないものになっている今日の環境をとらえていくためには、社会的なものと個人的なものの相互作用を「横断的」にとらえるような思考体系が求められる。ガタリは、「主観性」（個人の思考）の存在に注目し、その複数的で多声的（ポリフォニック）な特質に着目しながら、「現代史は主観的特異性への欲求の高まりによってしだいに大きく左右されるようになっている」、と指摘している。「人は互いに即自的なものとして与えられたある主観性の前にいるのではなくて、自立化の過程、自己産出の過程に向かいあうかたちで存在している」とし、前述のマズローと共通した自己実現をめざす地平の存在を示している。

「リゾーム」が生かされるプログラム

ガタリは、フロイトが唱えた〝無意識〟を批判的にとらえ直しながら、ドゥルーズとともに「リゾーム」という概念を生み出し、それを社会的領域に実践的に適用しようと試みた。リゾーム（地下茎）とはどこからでも偶発的に新しい芽が吹き、根が伸びるような自己成長性をもった生体的構造のことで、「地縁力」と読みかえることができる。

ガタリは、社会的諸制度のなかにおいて、人間関係は垂直（上下）関係か水平（平等）関係に線引きされるが、実際にはこの二者の間に斜線で結ばれる無数の関係が存在するとし、「横断性」という概念を提唱した。住民による草の根運動が、ノマドとの水平的連携によって高まりをみせるとともに、かつて〝お上〟とも呼ばれた垂直的関係性にある自治体が支援をおこない、しっかりと社会に根を下ろしていくような参画型デザイニングは、まさに横断性を特長とする構造そのものといえるだろう。

精神分析医で哲学者であるガタリのエコゾフィー論は難解なものとして知られるが、参画型デザイニングの実践において、それは次のようなヒントをもたらしてくれる。

まず、まちづくりのプログラムは、まちという社会的共同体を再生するプログラムであるとともに、〝一人ひとりの心的環境を再生させる〟プログラムとしても意図されなければならない。そのためには、自然、社会、心という三つの環境特性相互の安定化をめざし、横断的な構造がかたちづくられるように配慮される必要がある。重要なことは、目に見える樹木のかたち、すなわち幹や枝葉のように厳然として存在する社会構造（政治体系や会社組織など）の維持や、果実としての成果物（利益や拡大など）に期待する以上に、その樹木をしっかりと支えているリゾームという地上には現れない根っこ、すなわち地域コミュニティの存在を再認識する必要があるだろう。根腐れが瞬時に樹木全体を枯れさせてしまうように、コミュニティの弱体化は社会の崩壊を迎くことになるからである。地下に根を張っているコミュニティの生命力を高めることは、社会という樹木の再生と成長にとってきわめて有効なことである。すなわちエコゾフィー論を援用することにより、地域振興プロジェクトを、「ソーシャルセラピー」の実践、あるいは「生涯学習」

のテーマと認識し、参画者を招き入れ、意識や価値感の共有化が図れるように社会を組み立て直していく活動が求められているのである。

2・5・4 「ユニバーサルデザイン論」 ―フラット化を加速させる社会

参画型デザイニングが増殖していく必然性を、「人間社会の進化」という視点から考察してみよう。その論拠として、ユニバーサルデザイン論を参照してみる〔注23〕。

ダーウィンが示したような一定進化が人間社会にも存在するとすれば、旧来のタテ型社会が徐々に「フラット化」し、横広がりの社会となっていく現象は、その顕著な事例の一つといえるかもしれない。かつて、人間社会には階層や性差、差別などが当たり前のように存在していたが、公民権運動や男女共同参画の推進、また告発や訴訟などを重ねながら問題点が浮き彫りにされるとともに、その検討過程をとおして徐々に諸制度の縛りや輪郭が曖昧になりつつある。一人ひとりの人格という全体性と固有性をもった存在を再認識し、同じ目の高さで一つの社会を共有しようとするしくみづくりが、二十世紀半ば頃から活発に進められるようになった。わずか一五〇年前までは、先進国と呼ばれる国にも奴隷制度が存在し、日本においても、六十年ほど前までは、戦争下で自由な意思表現を封じられた国民が存在していたことを忘れてはならない。

UDの七原則

「ユニバーサルデザイン」（「UD」と略す）は、一九九〇年代以降にアメリカで提唱され社会的に広く認知されるようになったデザインの概念である。ノースカロライナ州立大学のユニバーサルデザインセンター所長であったロナルド・メイス（一九四一―一九九八）が、バリアフリー（障害物を除去するデザイン）、アダプタブルデザイン（誰にもフィットするデザイン）、ライフスパンデザイン（生涯にわたって使い続けられるデザイン）という三つのデザイン概念を統合するものとして提唱したもので、次に示す「UDの七原則」は、UD実践の指針として広く活用されている［注24］。

① 公平な実用性（＝公平）
② 柔軟性に富む（＝柔軟）
③ 単純で直感的に利用できる（＝単純）
④ わかりやすい情報伝達（＝明快）
⑤ エラーに速やかに対応できる（＝安心）
⑥ 労力が少なくてすむ（＝楽々）
⑦ 利用しやすい大きさと空間（＝余裕）

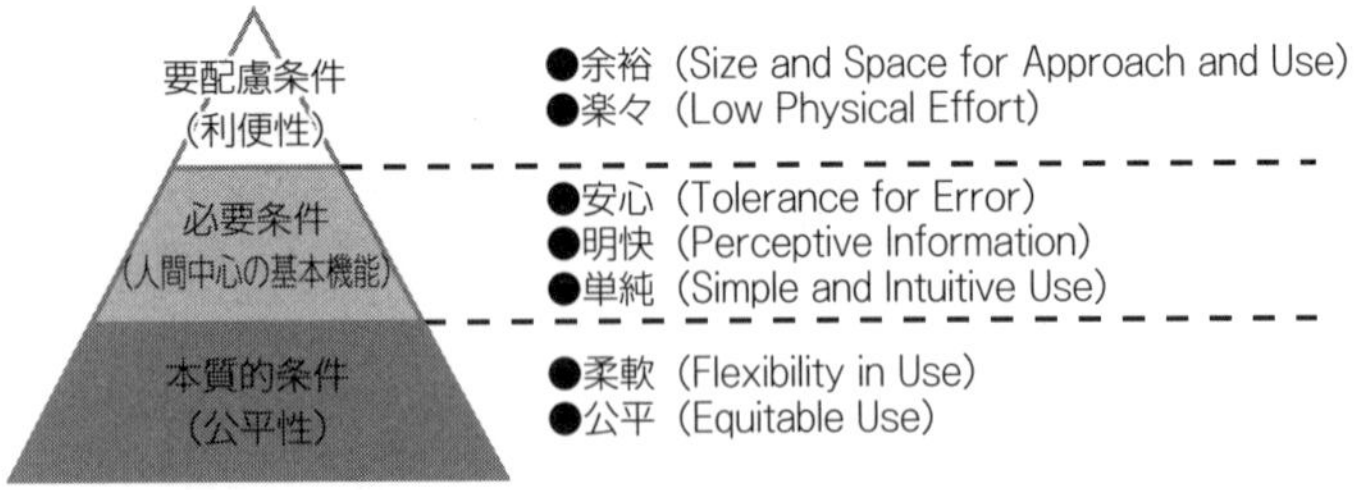

図4：UDの概念図

私は、「UDの七原則」が、同じ重みで並列に置かれたものではなく、三層の構造になっている、ととらえている。本質的条件としての「公平性」、必要条件としての「人間中心の基本機能」、要配慮条件としての「利便性」である。つまりUDは、理念と人間工学と創意工夫が一体化した概念といえるのである（図4）。

七原則のうち、「公平性」が第一番目に位置づけられている理由は、UDが、一九五〇年代から一九七〇年代にかけて、公民権の適用を求めてアメリカで暮らすアフリカ系住民がおこした大衆運動を起点としているからであろう。UDは「すべての人を対象に、デザインがなされること」を理念としており、障がいのある人への配慮として生まれたバリアフリーを内包しつつ、より広く社会規範の転換をめざそうとしている。つまりバリアフリーが、障がいのある人の最低限の生活と活動を支援・保証しようとする社会改善型のデザイン行為であるのに対し、UDは、社会に存在するあらゆるモノやコトを、その発想段階からあらゆる人の使用を考慮してデザインしようとする理念追求型の運動であり、社会の隅々までUDをゆき渡らせるためには、多くの人の参画によるきめ細かい日常的なデザイン行為の実践が求められる。すべての人のためのデザインは、すべての人によるデザインとして実践されなければならない。そこに参画型デザイニングが社会的に求められる必然をみるのである。

公平性を高めるデザイン

ＵＤはアメリカ生まれのことばであるが、欧州においても「インクルーシブ・デザイン(Inclusive Design)」とか「デザイン・フォー・オール(Design for All)」ということばにもとづいて、公平性を高めるデザインの実践が進められてきた。インクルーシブ、すなわち「包含する」というニュアンスを持つことばには、人びとが共存し協働している社会を、さらに多くの人が参加・共有できる社会にしていこうとする意図がこめられている。

ＵＤがアメリカ型による「公平性の追求」であるとすれば、一九五〇年代にデンマークのバンク・ミケルセン（一九一九―一九九〇）が唱えた「ノーマライゼーション」は、欧州型の運動であるといえる。ノーマライゼーションとは、障がいのある人や高齢の人など社会的に不利を受けやすい人びとが、他の人びとと同じように〝普通に〟生活し活動できるようにすることが社会のあるべき姿であるとする考え方である。「自分だったらどう感じ、何をしたいか」ということを真剣に考えれば、答えはおのずから導き出せると、バンク・ミケルセンは述べている。ノーマルな環境をつくりだすためには、何よりも一人ひとりの心のなかに潜む鋭敏な感性と、それをしっかりと社会に反映させる行動力が求められる。究極的には、だれにでも自分の個性や特性、価値感に適合した最適解が得られるような社会づくりをめざさなければならない。

2・5・5 「文化技術論」―新たな社会技術の展開

参画型デザイニングを生み出し、その成長を支えてきたパワーの源は一体何なのか。それを「技術」という側面から検討してみよう。山本哲士（一九四八―）の「文化技術論」を参照してみよう［注25］。

山本は、産業革命以降二百年以上にわたり人間社会を拡大・発展させる原動力となってきた産業技術を主役とする社会の秩序が根本的に変革しつつある今日の状況について論じている。「産業技術社会」を、未熟な機械と未熟な制度から生みだされた「生産を中心とする社会」とみなし、それが生産にかわり消費が優位にたつ「消費社会」に転換し、やがて「情報社会」を経て「文化社会」にいたると予見している。産業技術社会は経済を基盤とする社会であり、それゆえに巨大な全体システムによって諸構造が組みたてられ稼働させられる制度的で他律エネルギー主体の社会である。そのような産業主体の社会は消費の高度化を導き、熾烈な競争がおこなわれることによって細分化や多様化が進展するようになる。それが個別化・個人化を誘発しながら一体となって働きはじめることにより、多様かつ小規模な全体構造がネットワーク化され、それが今日の情報社会を導いた。

情報社会では、今まで主役として君臨していた「経済」にかわって「情報」が基盤となり、情報価値の多元化にともなって自律エネルギー主体の社会に転換していく。かつて家族みんなで楽しんでいたテレビにかわってインターネットが主流となり、一人ひとりがそれぞれのネットワークのなかにこもり、こだわりの情報を交換しあうようになっている。それは、社会的コントロールが困難な脱制度的諸現象を生み出していく。ミシェル・フーコー（一九二六―一九八四）が描いたような、それぞれに全体性を有する存在（個人など）の力の関係性によって成り立つ社会に転換していこうとしているのである。

「コンビビアル」な社会を導く文化技術

経済資本一辺倒の産業社会では、マックス・ウェーバー（一八六四―一九二〇）の資本論が説くような禁欲と拡大発展への投資（しっかり稼いで、明日の事業拡大のために投資する）が当然のこととみなされていたが、価値観や資本が多元化していく情報社会では、モノの秩序も多元化し、新しい表現秩序や創造秩序が次々と現れることにより、個人の自律性が互いにイキイキと高めあおうとする「コンビビアル社会」、すなわち文化社会への移行が予見される。

文化技術論では、ポスト産業社会としての文化社会を導くためのいくつかのキーワードが示されている。

バナキュラーな価値：先進的・先端的な科学技術が生みだしてきた価値に対し、それぞれの土地に存在する固有の文化、たとえば「アジア的」と呼ばれるようなバナキュラー（土着的）な価値は、潜んだまま生かされていない。時代や歴史は単線的なものではなく、新たな技術の開発が、神話化されてきた存在をえぐり出すように現代社会に登場させるようなインバージョン（逆転／逆倒）が起こりえる。たとえば、古代社会で〝神々のお告げ〟といわれていたようなものが、DNA構造の解明により、生命体に刻みこまれ伝え継がれる情報の存在として再び注目されるようなこともその一例である。テクノロジーが高度化するなかで、人間の根源にあるバナキュラーな価値観が注目される意味がそこにある。

コンビビアル社会：情報社会の進展により、多元化や多様化が起き、自律エネルギーが優位になるにつれて、個人の自律性が直接的にコミュニケートしあい、コンサンプション（共に生きること）が社会認識されるようになる。産業社会は、「構造化された諸構造」、すなわち「細分化された部分によって構成される全体構造」（〝会社人間〟と呼ばれる人など）を形成してきたが、消費社会から情報社会にいたり、さらに文化社会へと変貌していくなかで、「自らを構造化する諸構造」（〝ベンチャー〟と呼ばれる企業など）の創出が意図されるようになり、それが網の目のようにネットワーク化されることにより「多様な全体の集合」というかたちの社会構造が構築されるようになっていく。イヴァン・イリイチ（一九二六―二〇〇二）が唱えたコンビビアルという概念は、そのような社会において求められる、ともに楽しみあい、イキイキと生きあおうとする、快楽に軸足を置いた価値である。

プラチック：モノづくり、コトづくりが産業技術によってリードされていた時代には、「目的意識的実践」としての「プラクシス」（praxis：〝業績至上主義〟など）が求められたが、自律性を重んじる情報・文化社会では、個人の感性に内在する慣習的実際行為としてのプラチック（pratique：パーティの盛り上がりなど）が重視されるようになる。すなわち、構造化する構造の創出過程そのものが、プラチックな性格を持つものとして重視される。さまざまな人間的行為が、目的志向のプラクシス型から、成りゆきやプロセスを志向するプラチック型に転換しつつあると考えられるのである。

3

参画型デザイニングの実践

七つの参画型まちづくり事例を実地調査するとともに、さまざまな学説を援用しながら参画型デザイニングの意味や構造を分析することにより、参画型デザイニングの方法論を導きだすための基本的な知見を収集した。それらを応用しながら実践的なプロジェクトを立ち上げ、さらに確かな論の構築につなげようとした。この章では、私が参与観察（実際に自分で活動主体の一端を担いながら、活動の経過を観察し記録すること）をしてきた茨城県における七つのプロジェクトを事例として取り上げ、そのはじまりから成長にいたるまでの経緯について報告する。

3・1　参画型デザイニングの方法

3・1・1　「マインズオン」のしくみ：ワークショップ

初めて参画型デザイニングに取り組もうとする人はみな、何からはじめたらよいか見当がつかずに戸惑ってしまうことだろう。そこで、第一歩を歩み出すための手法として、「ワークショップ」というしかけを紹介しよう。ワークショップをとおして、徐々に実感による理解が育っていくはずである。

　ワークショップとは、マインドをオンにすること、すなわち心を開かせるしくみである。近年、ミュージアムの展示手法として、「ハンズオン／マインズオン」ということばが使われるようになっている〔注1〕。ワークショップは、そのようなマインズオンのしかけの一つと位置づけることができる。ワークショップということばは、前章で注目した演劇にかかわる用語でもある。プロの役者たちによる演劇に対して、ワークショップは誰もが共演できる演劇のかたちといえる。それは完成された作品をめざすのではなく、参加者が集団の中で体を動かしたりことばを発したりしあうことによって自分を確かめることである〔注2〕。

　ワークショップは、臨床心理学の手法として考え出されたものである。アメリカの心理学者カール・ロジャース（一九〇二―一九八九）が一九四〇年代に提示した「クライエント（来談者）中心療法」の理念は、当時の精神療法の主流であった「解釈、暗示、忠告」による精神分析的カウンセリングとは大きく異なり、「個人は自ら、成長、健康、適応への衝動をもっている」とする、自己調整力を評価しようとする理念にもとづいていた。ロジャースは、後に人と人の出会いを重視する「パーソンセンタード・アプローチ」（人間中心手法）を提唱し、その考え方にそったワークショップによる表現アートセラピーが活発におこなわれるようになった〔注3〕。

ワークショップの応用と展開

ワークショップは、ダンスや音楽などの表現を活かしながら、さまざまな創造活動の場に応用されるようになった。たとえば都市計画の分野では、一九六〇年代にアメリカのローレンス・ハルプリン（一九一六－）によって先駆的に取り入れられている。多様な民族・宗教観が錯綜するアメリカでは、価値観が異なる人びとの意見を調整し協働して、よりよい成果を生み出すシステムが求められていたからである。ハルプリンのワークショップは、参加者が気持ちを共有できるような感覚的なワークからはじめ、徐々に信頼関係を構築しながら、より高度なワークに取り組むように工夫されていた。J・L・クレイトンは、典型的なワークショップの構造として、「オリエンテーション」「グループ討議」「全体討議」の三段階を挙げている。一般の会議に当てはめていえば、「挨拶→分科会での討論→全体会議での報告と意見のとりまとめ」というような順序である。オリエンテーションでは、主催者がワークショップの目的や方法を説明し、グループ討議では、目的達成のための課題の遂行やシミュレーションゲームの実施などをグループごとにおこなう。全体討議では、各グループの成果を全体で討議・評価し、優先順位をあたえる。その全過程をとおして、引き出し役やまとめ役を担うファシリテータ（進行役）の役割が重要とされている。

このような先行研究の成果を参照しながら、参画型デザイニングに適するワークショップのかたちを考えた。参画型デザイニングがおこなわれる舞台としての「プラットフォーム」の設計にあたっては、一九七〇年代にアメリカで確立された表現アートセラピーの考え方や手法を参照した。「人の心の内奥にある豊かさに気づかせてくれるもの」「人は誰でもすばらしい個性と創造性をもっていると確信させてくれるもの」を導き出そうとする理念は、参画型デザイニングの考え方と一致すると思えたからである。

参画型デザイニングのプラットフォームでは、「個人の体験（懐かしさ）の語りあい」「言葉だけではない多様な表現」「だれもが対等な場」「ファシリテータの役割への理解」などを重視し、参加者がそれらを自然に受け入れ素直に演じあえるように配慮した。

3・1・2　感性を起動させるオリエンテーション

人の心には、知性、理性、悟性、感性などさまざまな働きがあるといわれるが、大きくは客観性を旨とする論理的思考と、主観性を旨とする感性的思考に分類できるだろう。感性という日本語は国際語になりつつあるが、それは日本人が感性を高度な思考力と位置づけ大切にしてきたからである。感性は、先天的（アプリオリ）な野性的直感力と、後天的（アポステリオリ）な生活経験が働きあって生み出される知力であると考えられ、学歴や知能指数などとはかかわりなく、あらゆる人が有している個性的な思考力なのである。

しかしながら、まちづくりなどのプロジェクトを起こそうとリキんだ途端に、多くの人びとは持ち前の感性の働きを押さえ、学習で身につけた論理的思考に頼ろうとしがちである。学校の学期末試験を思いだすまでもなく、学習とは、〝みんなで、同じ答えを出す〟行為であり、論理に過度に偏重する行動は、月並みな結果しか生み出さない。生活実感を豊かにしたいとか、まちへの愛着を高めたいとするような個性的なまちづくりのためには、感性に重きをおいたアプローチが不可欠なのである。

参画型デザイニングの実践にあたっては、まずはあらゆる人が潜在的に持っている感性を起動させるための「オリエンテーション」を企画する必要がある。それは、デザインが「こころをかたちにする」という日常的行為である（第一章1・5）ということを理解するための〝めざめのレクチャー〟であり、これがオリエンテーションの第一段階のプログラムとなる。

次の段階としては、「実例の探索」が効果的である。〝実感する〟ことにより感性的な理解が深まるからである。これは、子どもたちが夢中になって昔話（アレゴリー）を聞きながら、勧善懲悪とか努力の大切さというような、理屈では理解しにくいことを身につけていくプロセスに似ている。できれば、単に事例紹介の話を読み聞きするだけでなく、活発な活動がおこなわれているまちを訪ね、まちづくりの当事者たちと「交流」してみるとよいだろう。

そして極めつけの第三段階は、「体験的理解」を試みることである。どのような小さなことでもよいから、無理なく始められることを、みんなで語りあいながら企画し、意識を共有しあいながら小さな活動を実践してみることである。本書の冒頭で紹介した「うさぎまつり」は、まさにこのような高度なオリエンテーションの事例といえる。

3・1・3　コンカーレントワーク手法

どのようなプロジェクトでも、その第一歩は、見知らぬ人同士の初顔あわせと相互のパーソナリティ（人となり）の探りあいから始まるものだ。堅苦しい雰囲気でスタートしてしまうと、その途端に多くの人はむっつりと押し黙って、ただひたすらに〝終わりを待つ〟だけになってしまう。そこで、一気に論議に突入するのではなく、まずは簡単な「手作業」などを試みながら、自然に打ち解けあえるようなプログラムを工夫してみるとよい。たとえばバーベキュー・パーティを想像してみよう。「食のしつらえ」という共同作業がおこなわれていくなかで、かならずといってよいほど軽い会話がはじまり、助けあいが生まれ、場はいつの間にかホッコリとなごんでいる。パーティは、発言や理屈だけで説き伏せようとするパワー関係の場ではなく、だれもが自然体で参画できる五感がふれあう場なのである。

このような考え方にもとづいて、「コンカーレントワーク」と呼ぶワークショップの手法を開発した。コンカーレントとは、「同時的」という意味である。一九九五年三月から五月にかけて、デザイン人材開発センター（財団法人日本産業デザイン振興会内）が主催した「次世代デザインビジネスステージ」［注4］のワークショップにおいて、私がファシリテータをつとめた際に初めて試み、以降さまざまなプロジェクトに適用してきたものである。

コンカーレントワークでは、従来の会議方式のように、ある人が発言しているあいだは、他の人は聞くふりをして休んでいる、というような非効率なワークを否定し、全員が、あたえられた時間をフルに使って同時的にワークをおこなえるようにした。また専門家や高役職者が会議を仕切り、その他の人はおとなしくうなずいているというような図式にならないように、参加者全員がわけへだてのない関係でリラックスしながらワークをおこなえるように工夫した［注5］。

コンカーレントワークの手順

コンカーレントワークは、以下の四ステップから成り立っている。

第一ステップ［自己紹介］：ワークショップの危機は、出会いの時、すなわち自己紹介の場面からはじまっている。まとまりのない〝問わず語り〟にうんざりしたり、声の大きな人に威圧されてしまったりすると、参加意欲がすっかり減退してしまうことだろう。そこで自己紹介を、コンカーレントワークのオリエンテーションやトレーニングもかねておこなうように工夫した。参加者に自分の個性や人となりを、発話ではなく、マンガやシンプルなことば（あだ名やキャッチフレーズなど）で表現してもらう。各自が、一〇分程度で作成した自己紹介の用紙（Ａ４サイズ）を壁やボードに一斉に貼りだし、全員で鑑賞しあいながら興味を感じる自己紹介の用紙（自分のものは除く）に評価マークをつけあう。得点の高かった人から順番に用紙の前で自己紹介をおこなうのだが、かわいい猫のイラストを描いた人が実は強面《こわおもて》のおじさんだったりして、思わず笑い声が漏れたりする。このようなささいな工夫で、なごやかな雰囲気が醸しだされ、メンバー相互の〝人となり〟をより深く理解しあえるようになるのである（図１）。

＜ワークショップ開始時のポイント＞

・一卓四～六人とし、円卓風に向かいあって座る。人数に応じて卓数を増やす。来場し

図１：第１ステップ：自己紹介

た人から順番に、自由に席を選んでもらうようにする。決めごとは極力少なくする。
・リラックスできる雰囲気を演出するために、お茶やお菓子を自由にとれるようなカフェ・コーナーをもうける。
・部屋のドアを開放するなどして風通しをよくし、自由に出入りができるようにする。
〈自己紹介のポイント〉
・卓上に、筆記用具を用意する。濃い線が描ける水性ペン、色鉛筆、はさみ、テープ、〝ポスト・イット〟のような糊つきの付箋（「カード」と称す）、丸いマークのラベル（「マーク」と称す）など。
・A4サイズの用紙を、参加者に一枚ずつ配る。用紙は前もって卓上に置いておくとよい。
・自分紹介の用紙の作成にあたっては、「自由に〈自分らしさや自分のアピール〉を表現してください」とうながす。
・ファシリテータも率先して参加し、リズミカルにワークが進むようにペースメーカーの役割を果たす。和気あいあいと軽い会話を楽しみながら用紙いっぱいに自分らしさを表現してゆく。
第二ステップ［同時発想］：オリエンテーションを兼ねた自己紹介で基本的な進め方を体得したら、いよいよ本題のワークに入る。ここでは仮に「地域を魅力化するワークショップ」をおこなう場面を想定してみよう。ファシリテータは、事前にいくつかの設問を準備し、ワークの場で参加者に一問ずつ発想を求める。

第一問目には、「感性」を強く刺激するような設問を用意するとよい。理屈が先行して起動し始めると、創造的な発想に慣れていない人からは、ごく当たり前で月並みな答えしかでてこなくなるおそれがあるからである。たとえば地域イメージについて聞く場合には、「地域のイメージを表現する〝色〟は？」というような抽象的な設問を設ける。感性的な要素が強い「色の選択」によって論理的発想力がおさえられ、逆に感性的（本能的）な発想力が刺激されるようになる。その結果、普段の会議では無言をとおすような人たちからも、しばしば奇想天外で魅力的なアウトプットが出されるようになる。

色を選択するワークでは、小さく切りわけられるようにミシン目がついた市販の「カラーサンプル」［注6］を用意し、イメージする色を自由に切り取って貼ってもらうようにする。選択されたカラーサンプルを収集し、日本カラーデザイン研究所が開発した「カラーイメージスケール」［注7］というイメージマップ上に示された色のイメージをあらわす各ゾーンに、選ばれたサンプルを貼り、それぞれのゾーンごとに示されているイメージワードから地域イメージを読み解くようにする。ワークの終了直後にただちに分析ができることで、参加者は、各自が選んだ色がどのようなイメージにつながっているのかを確認することができる。すぐに成果が示されることで参加者の意欲を高める効果がある（図2）。

色のワークショップで感性のウォームアップをおこなった後に本質的な設問に移っていくが、なごやかな雰囲気が壊れないように、あわてないでゆったりと進めていく必要がある。その工夫の一つが、「連想法」である。たとえば、色のワークショップの次の設問として、「その色からイメージされるコトやモノは何ですか？」と問いかけ、直感的に発想したイメージを連鎖的に発展させてゆくように導く。カードを数枚配布し回答を求めるが、感性を刺激し続けるために、文字による表現はあくまでも補足的なものにとどめ、絵やマンガによる彩色表現を求めると効果的である。「えっ？　絵！　ヤダー」といやがるそぶりをみせる参加者もいるが、始めてみると、子供のころにもどって〝お

図2：第2ステップ：色のワークショップ

絵かき〟に夢中になる。また品質より数を求めることで考えこむ時間が減り、直感的な発想への集中力が増すようになる。一枚の用紙には、アイデアを一つだけ表現するように求める。後の同時評価の段階でアイデアの取捨選択をしやすくするためである。このような同時発想の考え方は、一九六〇年代にドイツで考案されたブレインライティング手法［注8］に類似している（図3）。

＜同時発想のポイント＞
・「色を選ぶ」というような、感性を刺激する設問を用意する。
・市販のカラーサンプルを活用する。参加者によって選ばれたサンプルを「カラーイメージスケール」上に置き、選んだ色をイ

図3：第2ステップ：お絵かきワークショップ

メージ言語に変換する。
・色のイメージから連想されるモノやコトを問う設問に移行する。
・ことばではなく、簡単な彩色画を描かせるとよい。一アイデアを一枚の用紙に表現するように求める。
・短時間に多数のアイデアを描くように誘導する。

第三ステップ［同時評価］：参加者各自がカードをほぼ描き終わったころをみはからって、評価に移る。同時発想で描かれた多数のカードを一斉にボードに貼りだし、鑑賞しあいながら評価をおこなう。メンバーにマークを配布し、自分がよいと思うカードにマークを貼りあう。ただし、自分のカードには貼らないようにする。マークの数はいくつでもよいが、貼りだされた全カードの二分の一程度を限度とするとよい。多数のアイデアから、各自が直感的に「よい」と思うアイデアが選びだされることになるが、多数のマークがつけられたカードが評価の高いアイデアということになり、公平かつ明快に評価しあい結果を共有しあうことができる。

評価終了後、ただちにマークがついたカード（評価されたアイデア）とマークがつかなかったものを分類し、マークがついたものについてKJ法［注9］を参考にして直感的に分類をおこなう。同じようなアイデアを一カ所に集めてグループ化し、さらにグループ相互の相違点を、相互の位置関係で示すように、試行錯誤をしながらまとめてゆく。似ているアイデアは近接し、異質なアイデアは離れることになる。それを縦・横（左右・上下）の位置関係で示すようにし、縦軸・横軸ごとに相対関係を示す適切なことばを探す。たとえば、「自然の↔人為の」「革新的↔伝統的」「にぎやかな↔静かな」などである。ファシリテータの技量が求められるステップである（図4）。

＜同時評価のポイント＞
・同時発想で描かれた全てのカードをボードに貼りだす。
・マークを配付し、自分が直感的によいと思うカードにマークを貼る。マークはいくつでもよいが、自分の描いたカードには貼らないようにする。
・マークが付いたカード（評価されたアイデ

図4：第3ステップ：同時評価と分類

ア）とマークがつかなかったものを分類する。マークの数に応じて上下に分け、評価の低いカードはボードから外す。
・ファシリテータが中心になり、参加者の同意を得ながら、似ているアイデアのカード同士を集め、グループ化する。
・さらに、グループ化したもの同士の類似度に応じて、面的なマップを描く。たとえば、「新しい⟷古い」「自然な⟷歴史的な」など。
＜自由討議のポイント＞
・参加者全員で集まり、コンカーレントワークの成果について自由なディスカッションをおこない、意識の共有を図る。
・ファシリテータは、設問ごとにまとめられた内容について説明し、参加者各自から質問や意見をもらい、それに答える。
第四ステップ［ディスカッション］：すべてのワークが終了した後、成果物を展示しながら、たっぷりと時間をとって自由なディスカッションをおこなう。手仕事的な要素を取り入れたコンカーレントワークをとおして、はじめて出会った人たちであっても、とても親密に語りあえるような雰囲気になっていることがわかるだろう。そのような成果を生かして本音の語りあいをし、記録しておくとよい。とくにファシリテータがリーダーシップをとっておこなったワークの部分

について は、充分に意見交換をおこない成果の共有を図る必要がある。

3・1・4 コントラスティブ発想法

コントラスティブ発想法は、クリエータに特別に備わる才能と考えられていた独創的な発想力を、誰にでも発想体験できるようにしようとして考案した発想法である。一九九六年度から二〇〇一年度の六年間にわたり特殊法人公害健康被害補償予防協会の委託により、国立環境研究所の清水浩総合研究官（当時）を研究長としておこなわれた「電気自動車の普及方策の効果に関する調査」の一環として、市民参加によるEV（電気自動車）の開発研究がおこなわれたが、その際に、電気自動車でなければ実現できない革新的なのりものを発想するワークショップの運営手法として新たに考案・試行したものである［注10］。

まずは、世の中に存在するごく当たりまえと思われるような〝常識〟の発見を試みる。次にそのまったく対極（コントラスティブ）の位置にある〝非常識〟を考えだせば、きわめてユニークなアイデアを簡単に描くことができる、とする考え方である。その対比関係をシンプルな絵で表わし、ワークシートを作成した（図5）。その効果は大きく、床のないのりものや魔女のホウキを連想させるパワースティック型の移動機器など、さまざまなユニークなのりものを発想し試作することができた（写真1、2）。

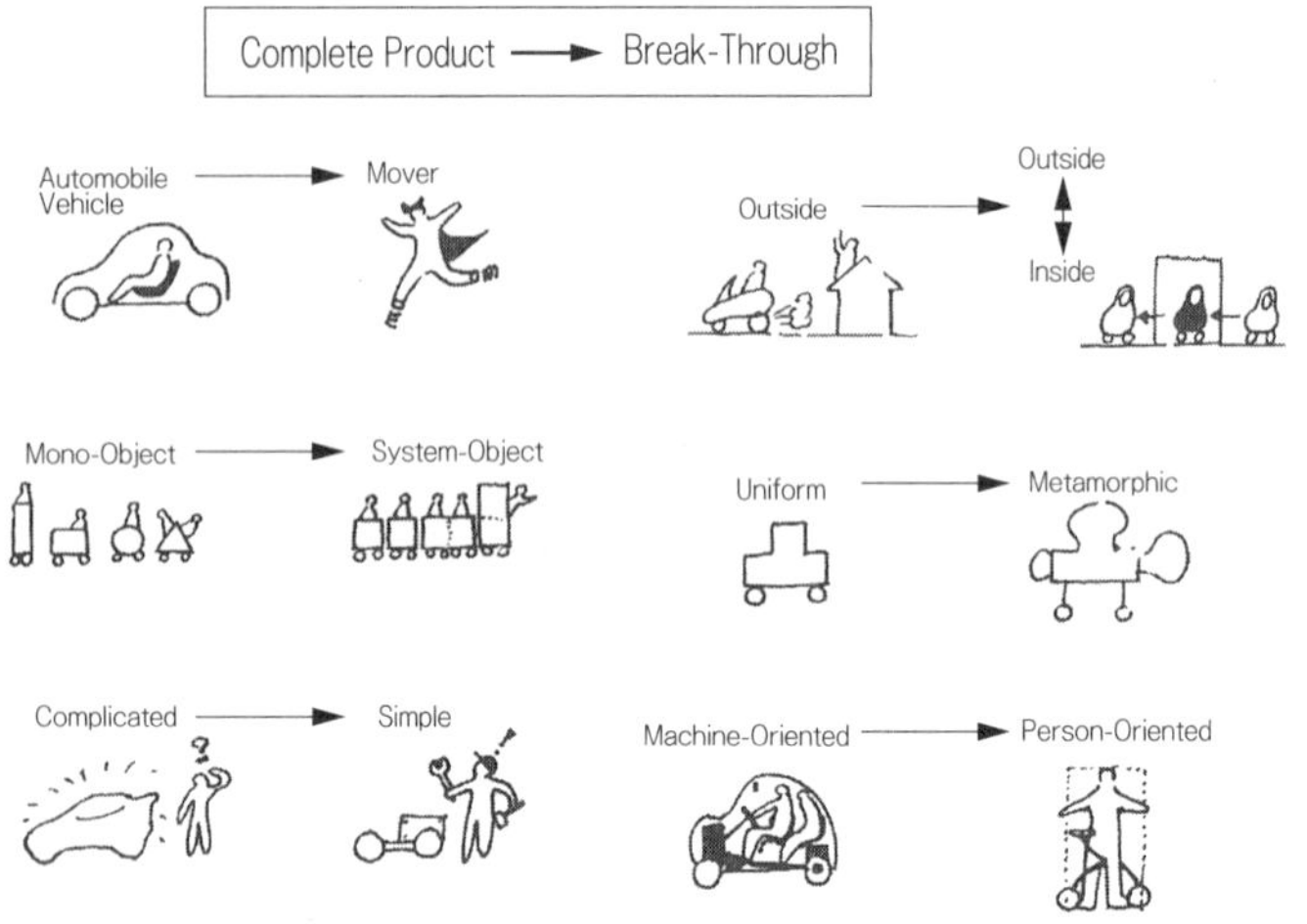

図5：コントラスティブ発想法によって導かれた、パーソナルなのりもの：「常識」と「非常識」の対比図

写真2：MOMOZO：魔女のホウキを連想させるパワースティック型ののりもの

写真1：地球のかけら号：床のないのりもの

地域振興プロジェクトの発想ワークショップでも、この手法を活用することにした。第一ステップは、衰退化という現状を導くに至った社会構造を描きだすことである。社会構造や制度・規範が根本的に変わらない限り現状は変化しないわけであり、スキヤキの味つけのように、砂糖や醤油をいくら加えても、味がしつこくなっていくだけなのだ。

前述の日本大正村では、どのようにコントラスティブ発想がおこなわれたのだろうか。日本大正村の衰退を導いたのは、「どうしようもない」という諦観だったのだろう。なぜどうしようもないのかと考えてみると、現代社会の常識的な規範を下敷きに発想し、「現代社会において求められる価値が何もない」と結論づけてしまったからである。大正村構想では、それが見事に「反転」されている。「進歩発展」に対する「温故知新」、「新しさと変化」に対する「あるがままの姿」というコンセプトは、まさにコントラスティブである。そして、お荷物と思われがちなお年寄りたちを、大正村の案内役として活用し資産化している。このように過去の資産のなかから未来の価値を発見することによって現実を読みかえ、明智町は見事に蘇った。街路整備、道の駅の誘致というような一般的な対処療法だけでは、今ほどのにぎわいは得られなかったはずである。

参画型デザイニングの実践にあたっては、現状の問題・課題を生み出している「構造」や「制度」を見つけだす作業を優先的におこない、それを構造図化することがポイントである。たとえば、「魅力拠点が点的に散在している」という構造が描ければ、「線的につなげる」あるいは

「丸くつなげて回遊できるようにする」というような新しい構造が浮かび上がってくるはずだ。

3・2　プロジェクトの企画と運営

参画型デザイニングの基本的な考え方や進め方を確認したうえで、具体的なプロジェクトの企画・運営方法について解説していきたい。一九九五年以降、私が取り組んできた地域振興プロジェクトのうち、参画型デザイニングを生かして運営してきた代表的な七プロジェクトを取りあげ、その背景、経過、成果・課題などについて報告する。

七つのプロジェクトは、中小製造業支援、商工業組合事業、企業再建、地域伝統産業振興、商店街活性化、市民団体活動、自治体事業というように、性格が異なっている。それぞれに参画型デザイニングを適用して実践的な参与観察をおこない、参画型デザイニングの手法と効果について検証しようとした。

3・2・1　電動スクータ「ペルメ」：産学官共同で開発した新商品
―地域中小製造業支援事業のプロデュース

概要

オリジナル商品の開発経験にとぼしい地域中小製造業を対象に、産学官が連携して商品企画・開発に取り組む開発力育成プロジェクトを立ちあげ、自立への足がかりを与えようと試みた。地域における高齢社会の進展に注目し、高齢者支援機器の開発をテーマとするプロジェクトから生みだされた電動スクータ「ペルメ」（写真3）は、生産・販売されるとともに、一九九八年度グッドデザイン賞に選ばれた［注11］。この取り組みをとおして得られた知見は、その後新設された

写真3：プロジェクトで開発され商品化された電動スクータ「ペルメ」

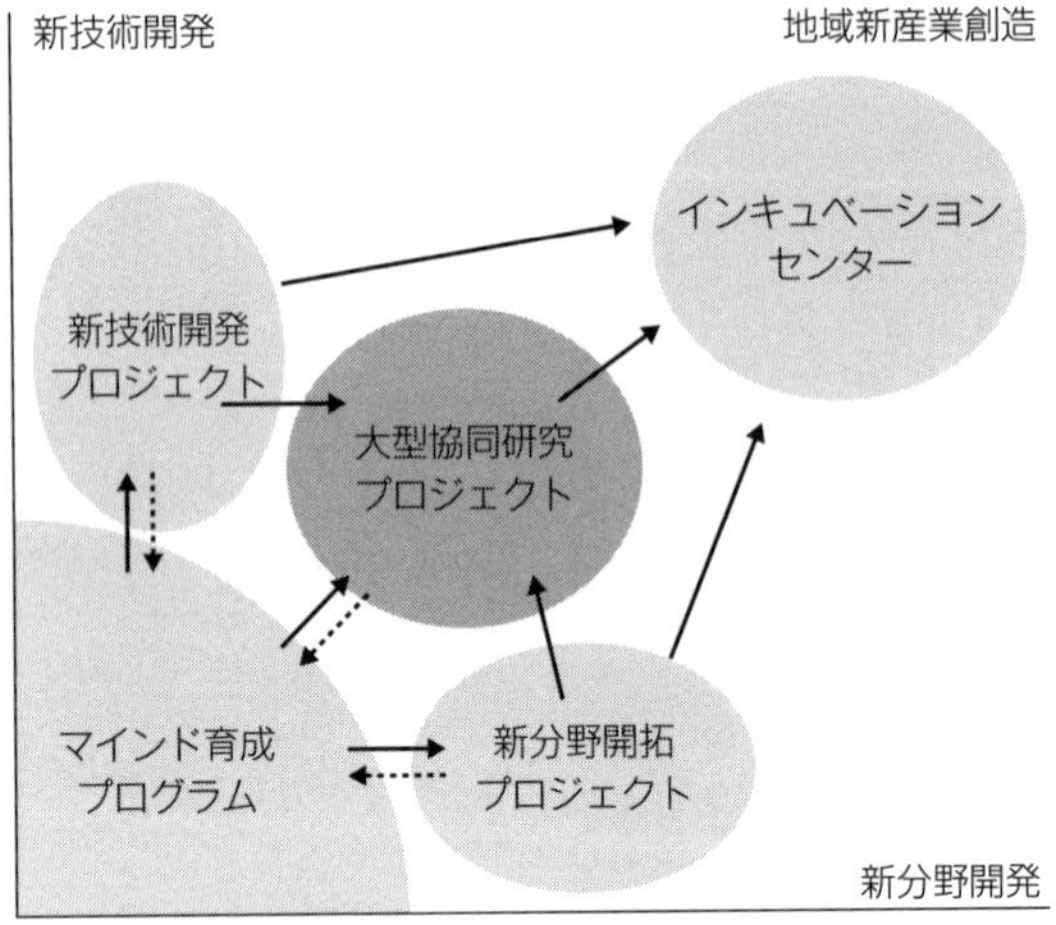

図6：茨城県の中小企業自立化プログラムの概念図

（財）日立地区産業支援センターや茨城県デザインセンターの開設、運営につながっている［注12］。

背景：中小企業城下町の空洞化

バブル崩壊以降急進展した産業の空洞化は、茨城県下の中小製造業にも大きな打撃を与えた。とくに、県北の日立市に集中する中小製造企業は、地域を地盤とする大手企業からの急激な受注減により深刻な状況におちいった。受注の大きな落ち込みは一過性のものではなく、産業構造の基盤転換をうながすほど深刻なものに思われた。将来的に中小企業が存続・発展していくためには、親会社からの部品受注に頼る下請け体質から脱却し、自社製品の開発力や新技術提案力を備えた自立型企業へと転換していく必要があると判断した。
茨城県工業技術センター（「工技センター」と略す）は県商工労働部と連携し、県北に集中する中小部品製造企業を支援するプロジェクトとして、「茨城県地域産学官共同研究事業」を企画した。この事業は、製品開発の能力や経験が少なく開発費の負担にも耐えられない中小製造業を自立型企業に育成していくために、実戦的な製品開発プロジェクトを産学官共同でおこない開発力を経験的に付与しようとするものである。中小企業庁と茨城県が総額二億二四〇〇万円の事業費を一九九五年度より三年間にわたり助成し、公募によって選ばれた県下の中小企業六社が研究組合を結成して、研究を進めた。このプロジェクトは、工技センターシステム応用部と筑波大学（「大学」と略す）が事前に構想した「県製造業の自立化プログラム」のなかでもっとも高度なレベルに位置づけられる「大型協同研究プロジェクト」であり、新分野開拓と新技術開発を同時におこなおうとするものである（図6）。

方針の立案

開発テーマの設定：プロジェクトの企画立案にあたっては、参加企業にとってまったく未経験な分野である日常的な商品の開発にしぼるとともに、今後進展がみこまれ、かつ地域の重要課題となる高齢社会対応型商品を選択した。中小企業庁が全国から選定した八プロジェクトのうち、基盤技術開発にとどまらず商品化をめざす唯一のプロジェクトとして注目された。研究対象とする高齢社会対応型商品は、高齢者のコミュニケーションを支援する情報機器と、外出を支援する移動機器に分けてグループ化し、私は移動支援機器の開発に参画することになった。開発商品は、電動スクータと電動車いすである。電動スクータは、急速に高齢社会に向かうなかで、各地で取り組まれているバリアフリーのまちづくりにも適応できるように屋外・屋内での兼用を意識したデザインとすることにした。

プラットフォームの設計：プロジェクト運営の第一歩としておこなったのは、プラットフォーム（舞台）の構造設計である。プロジェクト開始にあたり編成された研究グループは、商品の開発経験がまったくない中小企業の技術者や工技センター技術員によって構成されていたため、その発想はもっぱら構造やメカニズムなどのハードウェアにかたより、ユーザーという人間中心のソフトウェア発想が疎かになることが予想された。そこで、本体の研究グループに加えて、市場の要望（マーケットニーズ）や人間工学（ヒューマン・ファクター）の視点から本体グループを支援する人間中心発想型のデザイングループ（「スタッフルーム」と称する）の設置を提案し、二グループが開発の両輪として機能しあう組織体制を整えた。スタッフルームの運営については大学が担当することになったが、これは、デザインが持つ〝横糸機能〟、すなわちコーディネーション力（統合化能力）に期待が寄せられたためである。スタッフルームの組織作りと運営にあ

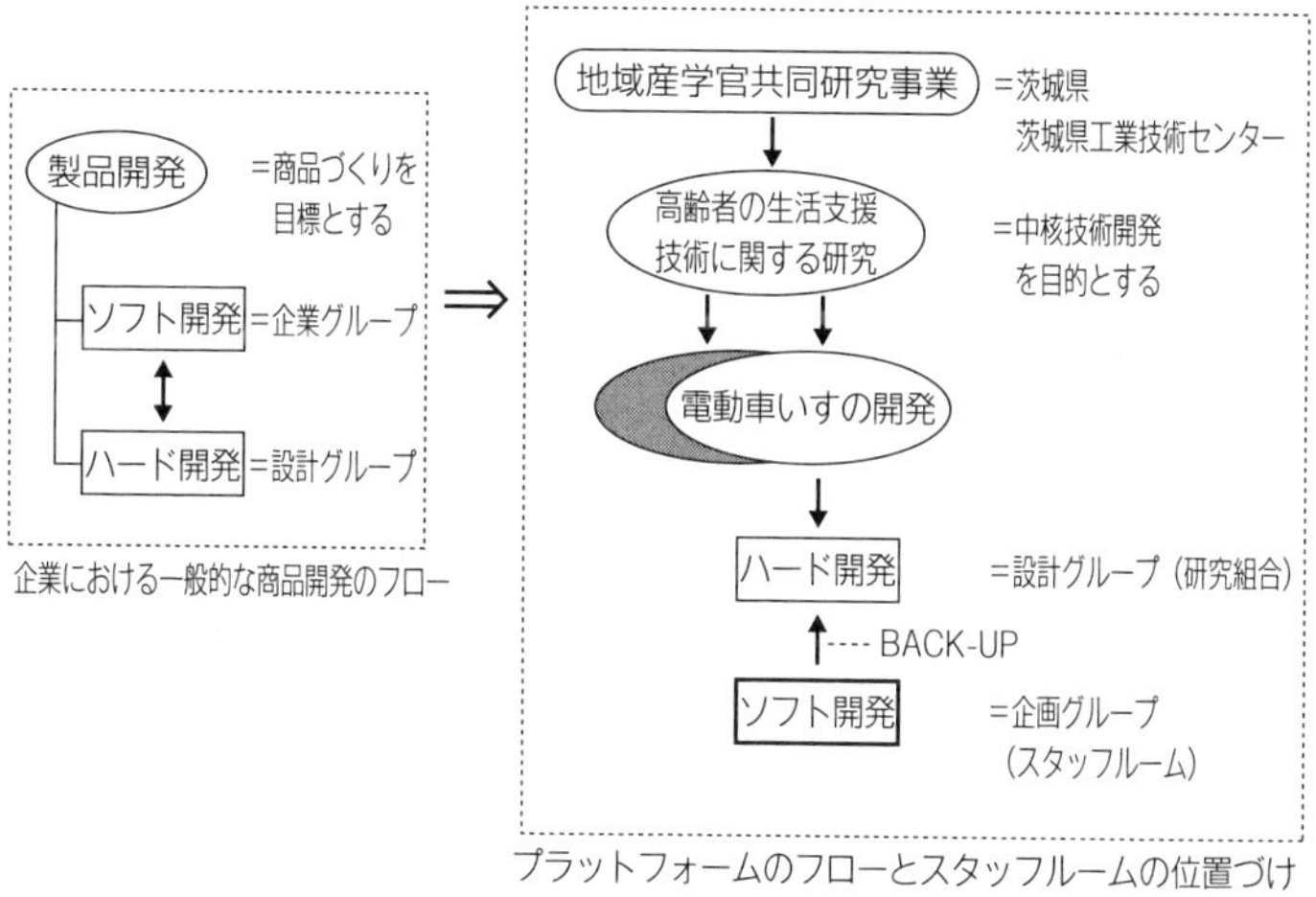

図７：スタッフルームの位置づけを示す組織概念図

たっては、コラボレーション（協働）に適する「オープン・プラットフォーム」、すなわち誰でもが気軽に参加でき、平等な立場でバランスのとれた受発信をおこないながら、共同で課題を実現していく組織体になるよう工夫した。スタッフルームのメンバーは、デザイン（デザイン開発、市場調査）、エンジニアリング（人間工学、技術シーズ開発）、ユーザー（医用工学、車椅子ユーザー）の三群で人選することとし、ハード開発グループの全メンバーもオブザーバーとして参加し、必要に応じてワークにも積極的に参加できるようにした（図7）。

工業製品開発をおこなうプロジェクトは、対象が無機的な機器であることから、とかく〝殺風景〟になりがちである。またメンバー

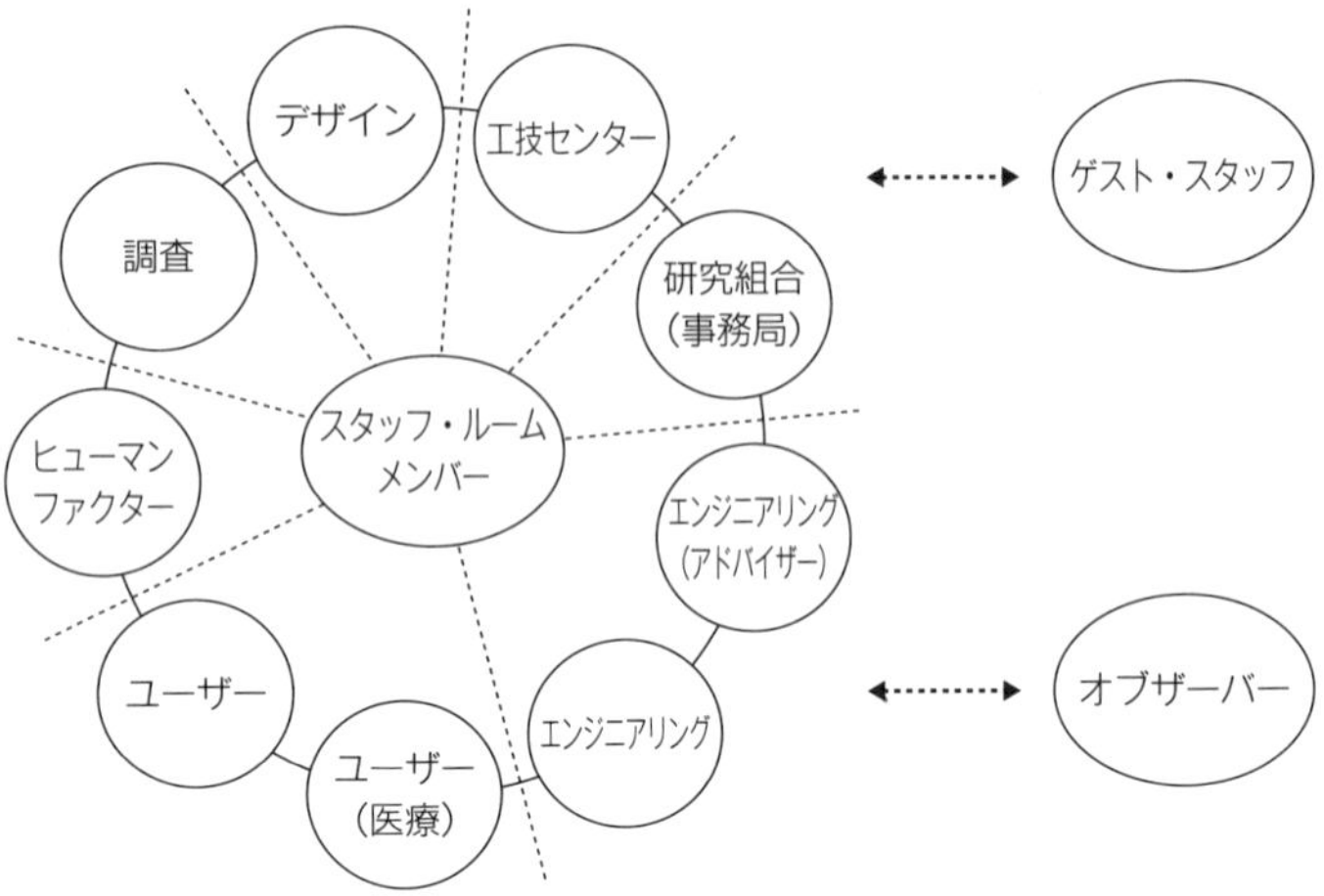

図８：スタッフルームの組織構造

は、公募に応じた企業、工技センタースタッフ、大学など、いわば寄せ集めの外人部隊であるため、一企業内の開発部署のように〝あうんの呼吸〟でチームワークを発揮し開発を効率的におこなうことができるリゾーム（地下茎）、すなわち地縁的なつながりはきわめて弱い。そこで、身体に障がいのある一般ユーザーや学生などノマド（遊牧民＝交流ネットワーク）的な立場の人（応援団）を意識的にメンバーに誘いこみ、プロジェクトを支援してもらうように工夫した。両輪型の組織とした意図は、ソフトウェアの開発を担う役割が必要だからというだけではなく、性格の異なる二つのグループが、常にパフォーマンス（表現行為）をおこなう提案者と、冷静な判断力を持つオーディエンス（観客）とを演じ分け刺激しあうことにより、プロジェクトの活性化が図れると考えたためである（図8）。

プロジェクトの経過

【一九九五年度】

国と県から補助金を得ておこなうプロジェクトであったが、初年度の示達《じたつ》が遅れたため、その開始は年末にずれこんでしまった。したがって開始から三カ月後の年度末には早くも初年度の成果報告が求められることとなった。公共事業の矛盾点が早々に露呈したかたちである。初めて顔をあわせたメンバーによる月一回、二〜三時間のスタッフルーム会議では方針が絞れないと判断し、より効率的な業務推進のためにコンカーレントワークを適用することにした。その基本的考え方は次の通りである。

プラチック（プロセス志向）を重視する運営：タスクの達成のみを目的とするプラクシス（成果志向）な運営ではなく、メンバーが本音を語りあい臨機応変に協力しあいながらコンセプトやプロジェクトの方向性を随時共有していくようなプラチックな運営をおこなう。

参画型デザイニングの実践：イメージやアイデアの発想、コンセプトづくり、形態デザインという一連のデザインを、デザイン担当に丸投げするのではなく、スタッフルーム全員（オブザーバーを含む）が担う仕事であることを認識しあう。

ヒト・コト・バ・モノの発想：発想にあたっては、モノのかたちにとどまらず、使用者や使用シーン、実現したい行為など（「ヒト・コト・バ」の要素）のイメージを重視する。

カタログ化：発想したコンセプトを早期に「イメージカタログ」のかたちにまとめ視覚化する。

コンカーレントワーク：同時発想・同時評価を短時間に繰り返し、アウトプットを共有する。

これによって、短時間に、しかも高い参加意識をもって、五タイプのアイデアを抽出・共有することができた。さらに五タイプのアイデアをデザイン担当者が簡易スケッチのかたちにまとめ、キーワードと想定ユーザーのイメージを付してイメージカタログにまとめあげた（図9）。

早期のカタログ化により、メンバー全員が製品イメージを明確に把握できるようになり、ハード開発グループはカタログを参照しながら技術開発課題を具体的に抽出することができた。

最終的に、五タイプのカタログ・モデルのなかから、メンバーの支持が高かった二モデルを選び開発を進めることにした。この二つの開発モデルと市販の三機種を同仕様のスケッチに描いたものを用いて、早期に顧客の要望の把握と企画の検証をおこなうための市場調査を実施した。調査は、県内の電動スクータ・電動車いすユーザー、想定対象ユーザーおよび介護者の計一四〇人を対象としてスタッフ全員が分担しておこない、それを双対尺度法［注13］により解析した。また市販の製品の市場調査をおこない、軽量・超コンパクト・廉価なモデルが国内には少ないことを把握した。

ソフト開発グループであるスタッフルームは、プロジェクトの前半において、基本企画の立案と形態デザイン、市場調査による方向性の検証をおこない、それをハード開発グループにバトンタッチするという主要任務を果たした。ハード開発グループがオブザーバーとして参加していたため、バトンタッチはきわめてスムーズにおこなわれた。

以降スタッフルームの役割は、モデルの各試作段階において人間工学的側面から評価をおこな

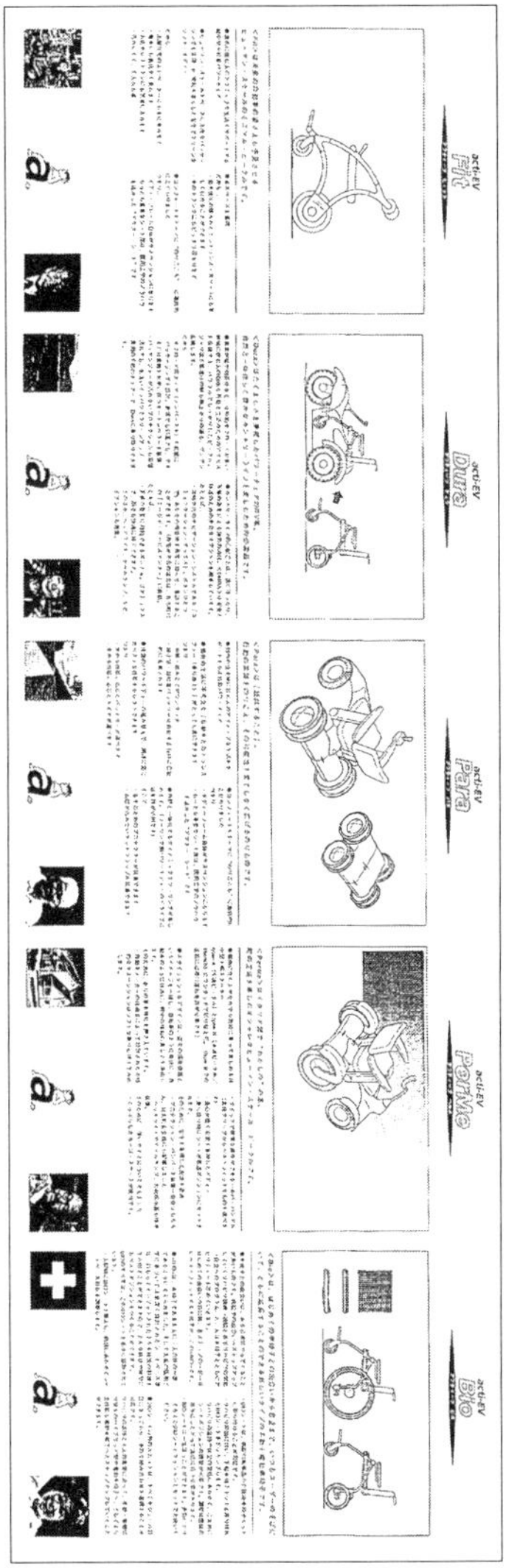

図9：プロジェクトのイメージカタログ

う役割を担うこととなり、「イメージを見えるかたちにする」というもっとも重要な役割を果たした。

［一九九六年度］

スタッフルームが企画立案した二タイプの移動機器は、プロジェクト二年目の年度末に、早くも原寸大の一次モックアップ（模型）と一次実動試作モデルが完成し展示された。モックアップのデザインと制作は筑波大学大学院修士課程の学生が担当し、後に研究組合によって実動モデル化された。形態デザインの提案とともに、将来の都市圏における集合住宅での使用を考え、折たたみ機構を提案するユニークなものである（写真4）。

このモデルのデザインをベースに、最終年度に向けて実用性を加味した設計と生産デザインを大学が担当しておこない、最終試作実動モデルが完成した。電動スクータは、研究組合に参画した会社によって販売に向けた試作が進められ、一九九八年に発売された。そして二〇〇〇年度グッドデザイン賞に選定された（写真5）。

成果と課題

プロジェクトの社会的役割について：参画型デザイニングの考え方を導入した育成プロジェ

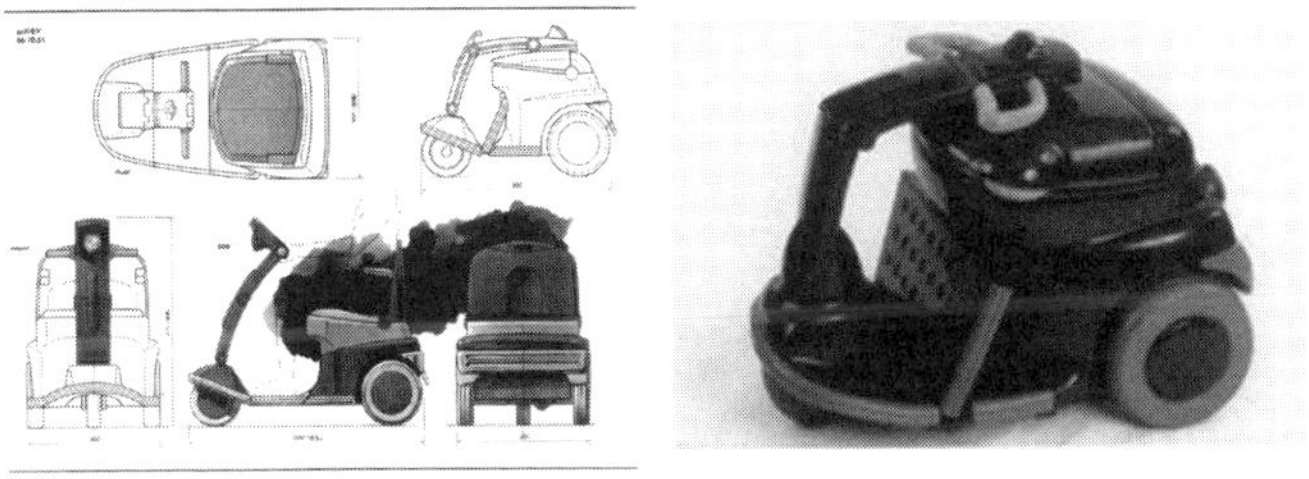

写真４：１次モックアップ制作のための検討図（左）と１次モックアップ（デザイン・制作＝筑波大学）

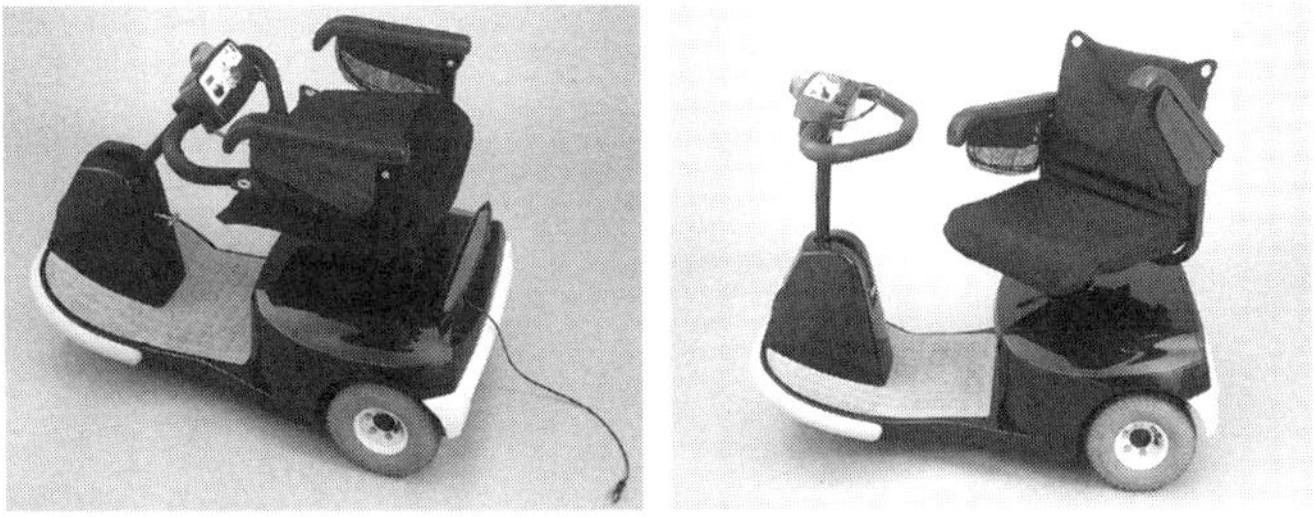

写真５：最終試作の実動モデル

クトの実践をとおして、自社商品開発の経験がない地域中小企業でも商品開発が可能であることが証明された。開発にとどまらず実用化や商品化を狙い、実際に販売されるとともに、グッドデザイン賞を獲得するという補助金事業では稀なケースとなった。本プロジェクトのノウハウは、地域中小製造業の起業や製品開発研究を支える拠点として新設された(株)日立地区産業支援センターや茨城県デザインセンターに引き継がれ、新製品、新技術づくりのプロジェクトが継続的に進められている。しかし、社会の高齢化に伴い競合製品が増え、販売体制が脆弱《ぜいじゃく》で生産性が低い開発製品は二年で競争力を失い製造中止を余儀なくされた。

プラットフォーム構築について：研究グループとスタッフルームの両輪体制により、効率的に開発プロジェクトを推進することができた。問題点は、プロジェクトの終了とともにプラットフォームが消滅してしまったことである。継続性の弱さは補助金による公共的事業の短所であり、継続のためのしくみを工夫する必要がある。

活用資産について：県北の中小製造業の技術力と開発力の高さを再認識することができた。しかし、プロジェクトをとおして自社開発力を高め下請けから自立した企業はなかった。

演劇性について：三年限定の大規模プロジェクトであり、また機器開発という特性から、演劇性が生まれにくい環境にあったが、さまざまな立場の人たちが協働することにより、それぞれが得意な技を使ってプロジェクトに貢献しあうという、企業での指揮命令型業務とはまったく異なる演劇的雰囲気が醸し出された。工技センターを核とする人材ネットワークの形成により新たな産業リゾームが形成され、中小製造業の存在力が高まった。しかしこのプロジェクトのように主体が官にある場合、組織変更等のリスクがあり演劇的場の維持は難しい。

生業性について：協働の体験を付与できた。社会に向けて、成果をプレゼンテーションする機会を得ることができた。部品製造業というアノニマス（無名的）な産業が、〝顔〟を持つ産業に変換する端緒《たんちょ》をつくることができた。参加企業の内の一社が福祉機器販売会社を設立した。

総合的評価

行政が主導するプロジェクトであったため、内発力が充分醸成されず、プロジェクトの終了とともにプラットフォームが消滅したのは残念である。中小企業が集結する地域に産業支援を総合的におこなう共同体の設立を思い描いたが、その機能はプロジェクト終了の翌年（一九九八年）に日立市が主体となって新設された日立地区産業支援センターによって実現した。

今後、中小製造業だけでなく地場の産業・産地ごとの特性を活かした地域産業共同体が形成され、企画力や連携力を競いあうようになることが望まれる。本プロジェクトはその動機づけとなるパイロットモデルと意義づけることができるだろう。

3・2・2　「ピュア茨城」：純県産酒のブランディング
—酒造組合事業のプロデュース

概要

茨城県内で研究開発された酒米と酵母のみで仕込んだ純県産酒「ピュア茨城」のブランディング（商品化戦略）を、産学官の連携による参画プラットフォームを活かして推進し、広報媒体としても活用できる新商品や産地のイメージ向上のためのコトづくりなど、地域の強みと連携力を活かしたさまざまな成果物を生みだした［注14］。

背景：日本酒の需要が長期的に低迷

日本固有の食文化である日本酒の需要が長期低落傾向にある。茨城県内でも多くの蔵が操業停止や廃業に追いこまれてきた。衰退する地場産業の活性化は地域の最重要課題となっている。とくに伝統産業の振興のためには、大量生産・大量消費に偏重する今日の産業構造から脱却し、地域に潜在するさまざまな力能や資産を結びつけ戦力化する新たな制度設計が必要である。地域固有の持ち味や強みを最大限に活かす活動を立ち上げ、活動の実践をとおして商品開発力や地域社会のデザイン力や連携力を高め育てていけるような持続的なしくみづくりが求められる。

二〇〇一年春に、茨城県初の純県産酒を市場投入する環境が整った。この酒は、十年以上の歳月をかけて県の研究機関で品種開発されてきた酒造好適米の「ひたち錦」とオリジナル酵母の「ひたち酵母」のみを使用し、県内の酒造場（「蔵」と略す）で醸造される純県内仕込みの画期的な酒である。この酒を効果的に社会発信し商品力を高めるための戦略プロジェクトが立案され、その全体運営を大学が担当することになり、依頼主である茨城県酒造組合（「酒造組合」と略す）をはじめ、茨城デザイン振興協議会（「ＩＤＰＣ」と略す）、県・商工労働部などさまざまな機関と連携しながら、市場インパクトの強いブランディングと、産地のイメージ向上につながる効果的な社会発信のしかけを企画・運営した。本プロジェクトには、県内三二蔵が参加を表明し、相互に緊密な連携をとりながら、県産酒の広報活動と産地イメージアップのためのイベント運営に力を注いだ。

方針の立案：組合手作りのブランディング・デザイン活動

大学が県と酒造組合からの依頼を受け、県中小企業振興公社が派遣する中小企業テクノエキスパート［注15］として本プロジェクトにかかわるようになったのは、二〇〇一年六月のことであった。

本プロジェクトを担当するにあたり、大学は、酒造組合および加盟する各蔵の状況を聞き取り調査等により把握し、取り組みにおいて留意すべき課題と戦略のポイントを次のように設定した。

プロジェクトの進め方：加盟蔵が連携してプロジェクトをおこなう経験が皆無であることがわかった。そこで以下のような基本的考え方でプロジェクトを進めることにした。

・わかりやすい取り組み
・早期に成功体験を共有できるプログラム
・参画型デザイニングの方法論の適用

プラットフォームの設計：多くの蔵が製造業に甘んじており、オリジナルの商品を企画する能力が極めて弱く、また酒を味わい評価してくれる末端顧客に接する機会もわずかであったことか

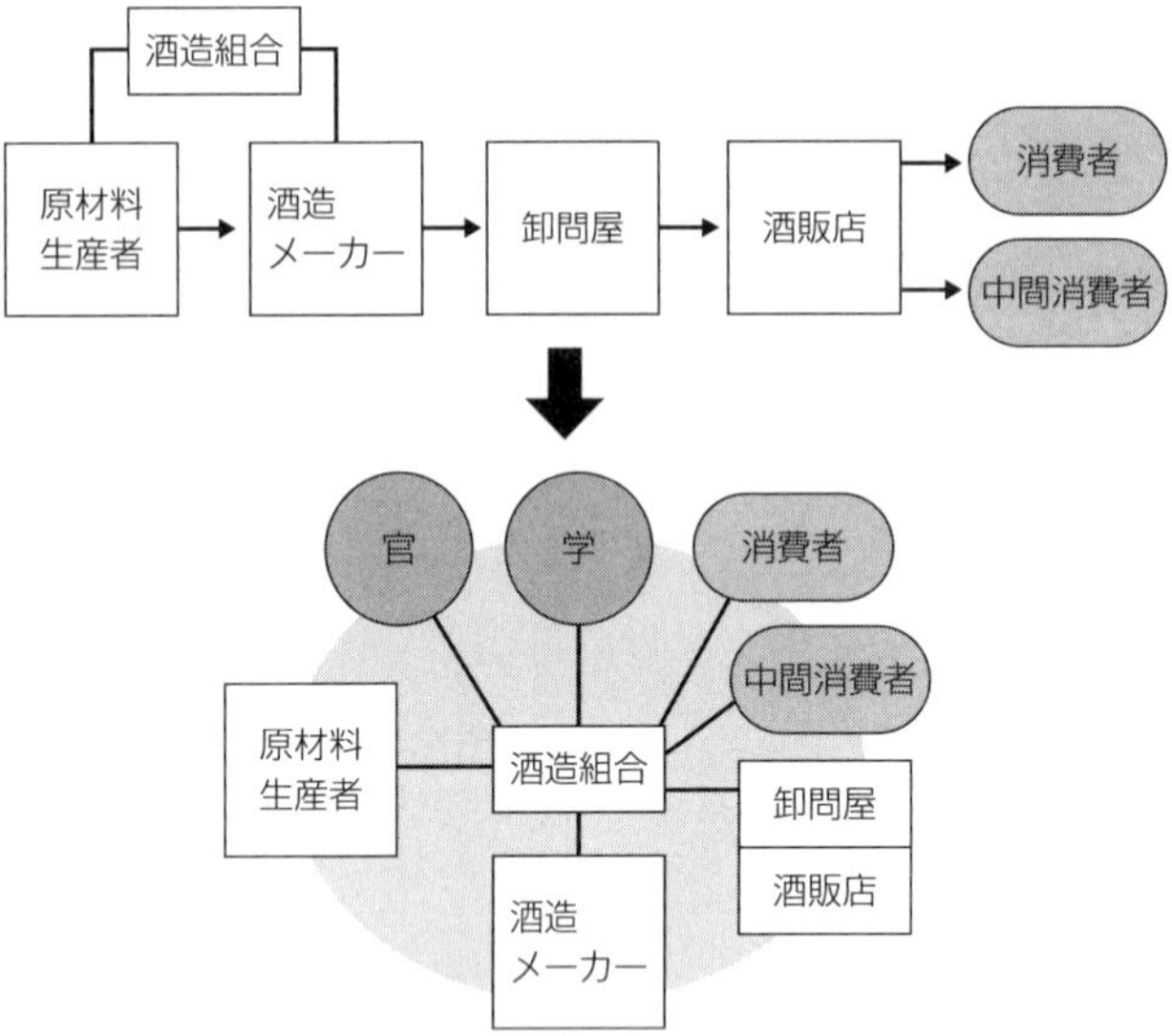

図10：ピュア茨城のプラットフォームの概念図（従来の体制との比較）

ら、次のような基本方針を立てた。
・加盟全蔵の商品企画力や情報発信力の底上げを図るプロジェクト運営
・一方向の流通構造（製造↓卸↓販売）の見直しと交流型の産業構造の構築（図10）
・広報媒体としても効果的に活かしえる〝スター商品〟の開発
活用資産について：既存の地域資産の洗い出しをおこない、効果的に資産活用を図るための基本方針を、次のように策定した。
・県内酒蔵が培ってきた強みの活用
・県内での県産酒の消費向上につながる資産、情報の発掘（県産酒の県内での消費率は五年間で五％程度下落し、三〇％以下になっていた）〔注16〕。

・関係機関の強みを活かし連携力を誘発する「交流の場とプログラム」づくり

・風景や文化を有効に活かし「酒どころ」という産地イメージの形成につながる魅力的な「コトづくり」

演劇性について：組合員である各蔵が持つ強い個性や立地の特徴を最大限に活用する。組合全体で一体的に取り組むワークショップをおこない、演劇性をきわだたせる。

純県産酒を製造する各蔵が、自蔵と茨城の酒に対する自信とプライドを高め、活発な活動を始めるための核となる活動体を育てる。

プロジェクトの経過

二〇〇一年六月に、酒造組合幹部および研醸会（酒造組合若手経営者により構成）の役員、県、大学の代表をメンバーとして、「茨城県ブランドの酒造りに向けて」と称する研究会を立ちあげた。研究会のコーディネーターは大学が担当することになった。広告宣伝会社やコンサルタント等の外部専門家に企画立案を丸投げするのではなく、酒造組合が一丸となって自ら純県産酒のプロモーションをおこなう、という方向で組合の意志が固まったからである。この会が後日「プロジェクト・ピュア茨城」に発展した。

活動の開始にあたり、連携プロジェクト推進の経験が皆無であった酒造組合が抵抗感なく取り組め、かつ一般常識の殻を破り潜在する発想力を発揮できるようにするために、コンカーレントワーク手法によるワークショップを大学が企画し実施することにした。ブランディングの重要性を気づきをとおして体得してもらい、共働作業をとおして価値観を共有化しようとするマインズオン（心に響くこと）型のワークショップ・プログラムである。酒造組合メンバーと消費者代表として人選された三五名が混在してグループをつくり、「過去・現在・未来の酒のイメージ／酒とふれあう場のイメージ」を感性的に描きだそうとするワークショップ「茨城県の酒を語る会」をおこなった。

その結果、日本酒は、「近場で多くの仲間たちとにぎやかに飲む」という過去のイメージから、「遠くに出かけ、気のあった友人と静かに楽しむ」という未来のイメージに向かうとする仮説を導くことができた。このワークショップによって、酒という製品の「製造の量と質のみにこだわる蔵や行政の指導体質」への見直しの必要性が共有化されるとともに、メンバーが潜在的に持つアイデアや表現力、企画力が素直に発揮されるようなプラットフォームの基盤を構築することができた。

二〇〇一年十二月からは、純県産酒「ピュア茨城」を市場投入するための企画を考える「テーマ発見のワークショップ」を酒造組合若手幹部や県スタッフをコアメンバーとして実施し、二〇

○三年春に市場投入するために、二〇〇二酒造年度中におこなうべき事柄について検討を進めた。さらに、補助金を得ておこなうことになったこのプロジェクトを組織的に推進していくために、企画立案をおこなう「推進室」と、その評価・承認をおこなう「推進委員会」および知事も加わる最上位の「推進会議」を立ちあげた（図11）。また商品化時のデザイン品質の保証のために、県内のデザイン専門家の協議会であるＩＤＰＣに参加を要請し、短期間で質の高い商品開発を進める体制を整えた。推進室では、単に商品開発のみに留まらず、地域イメージアップのためのさまざまなイベント企画を立案した。

二〇〇三年春にデビューした純県産酒「ピュア茨城」は二〇〇七年度に五年目の酒造年度を迎

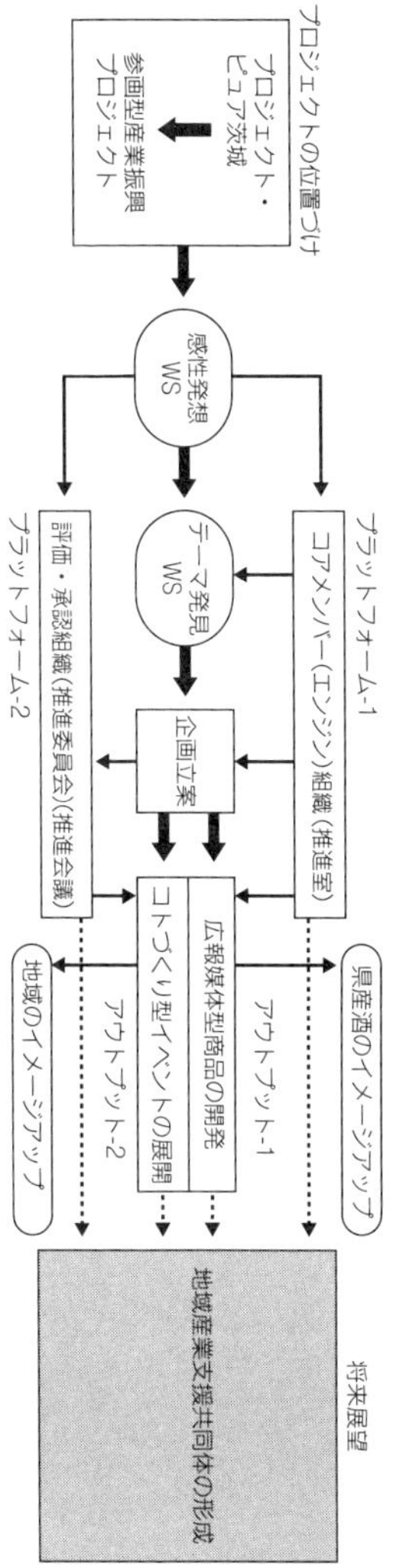

図11：プロジェクト・ピュア茨城のプロモーションのポイントを示すフロー図

えたが、毎年趣向を変えながら酒造組合をコアとしてモノづくり・コトづくりが継続的におこなわれている。なお、初年度における参加蔵は三二蔵であったが、最大で三六蔵が参加する年もあった。

デザイン・アウトプット

プロジェクト・ピュア茨城が生みだしたデザイン・アウトプットは、「商品開発」「イベント展開」「交流の拡大」という三点に大別できる。

商品開発：プロジェクト・ピュア茨城における商品開発の特徴は、小さな四合瓶《びん》に、茨城県の地域アイデンティティ（個性）やメッセージをふんだんに盛りこみ、強力な広報媒体としても活用できるスター商品をデザインしようとしたことである。以下に商品の特徴について述べる。

［特別純米酒］：地酒の心を象徴するものとして、「添加物なし、手塩にかけた蔵づくり」というような酒の原点回帰ともいえる商品の提供をめざすこととし、その証として統一ラベルを設定した。

［季節にあわせた三銘柄のラインアップ］：日本の伝統的食文化の一つである日本酒は、四季の移ろいを感じさせるものでもある、とする考え方から、酒造年度の中に、荒走り・無濾過の「しずく」と、初夏に出荷する冷や酒の「蔵なま」、火入れをして燗《かん》でも楽しめる「秋あがり」の三

銘柄、および蔵の希望でラインアップできる通年銘柄の「かんもよし」を季節にあわせて発売するシステムを考えた。また「しずく」は酒販店では扱わず、蔵から顧客に直送する限定販売酒とした。

［全蔵そろいぶみ］：小規模の酒蔵が県内に四十以上も点在する茨城の地域特性を視覚的に訴求するしかけとして、全蔵の商品を同じラッピング紙で包み共通のマークをつけるとともに、商品ラベルについては各蔵オリジナル・デザインのものを貼ることにした（写真6）。「同じものは米、酵母。違うものは水と技」という明快なキャッチフレーズのもと、統一性と差異性という相矛盾した価値観を融合するブランドづくりを推進した。また、仕込み水の違いを際だたせるために、「茨城県の五源流」（久慈川、那珂川、筑波山、利根川、鬼怒川の各水系）をアピールすることにした。

イベント展開：商品開発のみならず、産地が特徴として持つ人や場のイメージを広報するしかけとして、さまざまなイベントを企画・推進してきたことも、このプロジェクトの特徴といえる。既存の流通システムに依存する製造業に甘んじることなく、地域に根ざした神秘的な酒造りに多くの人びとを招き入れ、顔の見える工房型の生業に転換していくことが、生活の豊かさや質にこだわる今日的な時代ニーズにマッチすると考えた。

［酒蔵開放］：製造に特化されてきた工場としての酒蔵を魅力的な地域観光資源と読み替え、蔵

のファンを増やそうとする酒蔵開放（夏、初春）を参加全蔵でおこなった。「初のみきり」というような生業の歳時記をイベントのタネとして積極的に活用するようにした（写真7）。

［田植え・稲刈り］：酒造りの原点は米であることから、酒米の生産農家の協力を得て、美しい里山風景の中で古式にのっとった田植えや稲刈りを楽しむイベントを企画・実施した（写真8）。

［バスツアー］：酒単体での商品展開に限定せず、酒蔵と地域固有の食や観光との連携の可能性を模索し、きき酒をしながら酒蔵を巡るバスツアーの企画・運営を試みた（写真9）。

交流の拡大：県産酒の継続的発展のためには、需要の安定的拡大を地道に進めていく必要がある。その方策の一つが、交流の拡大である。

写真6：32種のピュア茨城のそろいぶみ

写真7：酒蔵開放のポスター

［いばらきの酒仲間］：プロジェクト・ピュア茨城の活動の一環として、「いばらきの酒仲間」というファンクラブをつくり公募したところ、一年を待たずに千人を超える会員を集めることができた。会員はイベントに参加する確率が高くリピーターも多いことから、販促活動の効果がきわめて高いと思われる。会員自らが自立的に県産酒を支援してくれるようなしかけを工夫することで、さらに効果的な販促活動が展開できると思われる。

［酒と器のコラボレーション］：ピュア茨城の活動から派生的に生まれたイベントとして、（株）つくばインフォメーション・ラボが企画した「響き合う酒と器」がある。陶芸の町である笠間市在住の陶芸家と酒蔵が二八組のペアを構成し、酒と器をテーマとする個性豊かな作品づくりをお

写真８：酒米の稲刈りイベント

写真９：酒蔵巡りのバスツアーのPRポスター

写真10：響き合う酒と器

こなった。笠間市で開催された「匠のまつり」や東京・元麻布ギャラリーでの展示、つくば新線開業記念としておこなわれたイベントでの展示など、各地で巡回展をおこない、茨城県の地域産業の個性と魅力を広く社会に向けて語りかけた（写真10）。

成果と課題

プロジェクト・ピュア茨城の推進をとおして、それぞれに異なった事情を持つ各蔵が無理なく参加でき、それぞれの持ち味を活かしながら相互連携効果を上げられるような効果的なプロモーションのしかけを構築することができた。諸活動をとおして、組合活動の意味や可能性、そして組合そのものの存在意義についてプロジェクトにかかわった多くの人びとと認識を共有することができた。

二〇〇五年度には、関東信越国税局が管轄する六県のなかで、茨城県は唯一、日本酒の県内消費率が下げ止まった。県内の各蔵では、消費者参加型の酒造りに力を入れる蔵や、地域の食材を活かしたレストラン経営に乗り出す蔵、海外進出を進める蔵など、それぞれが個性や持ち味を活かし新たな挑戦をはじめる動きがみられる。これらをプロジェクト・ピュア茨城の効果と即断することはできないが、蔵の活性化に向けて刺激を与えることができたと考える。プロジェクト・ピュア茨城は、茨城の地域特性や資産を最大限に活かした地域産業振興の試行プロジェクトであり、その理念や方法論は県内のさまざまな産業振興に応用されえるものと考える。

課題としては、以下の項目があげられる。

・開発商品の市場インパクトが低下しつつある。
・品質基準等を明確にしていないため、蔵ごとの品質にばらつきがみられる。
・継続的な商品開発の仕組みが成立していない。
・ブランド開発にとどまり、組合の一体感の育成効果が弱い。
・大学の研究・教育に継続的に活用できていない。

総合的評価

多様なしくみを実践し産業振興のモデルケースを構築することができたが、この成果はいろいろな産業にも応用しえるものと思われる。純県産の酒米の安定的需要を確保したこと、継続的に参加する蔵が多くみられること、県内の需要低迷が下げ止まる傾向にあるなどから、優良事例と判断したい。

酒造組合には県内全域の蔵が加入しているため、県内各地域固有の事情や地域差が顕著に現れがちである。県内全体を巻き込む活動をさらに強力に展開することは難しく、むしろ地域別、あるいは有志蔵の協働等により、多様な活動をじっくりと育てていく方が、参画型デザイニングの効果をより高めることができると考える。

3・2・3 「星ふる里蔵」：廃業の危機から脱した小さな酒蔵
―女性蔵元を支援する再生事業のプロデュース

概要

廃業の危機に瀕した歴史ある酒蔵を立て直そうと、一念発起して十四年勤務した会社を辞め実家の蔵にもどった二女（後に第六代蔵元・杜氏）を、工技センターの研究員や周辺の蔵元、そして大学などが連携して支援し、蔵の再生を実現させた。拡張志向の時代の潮流にのみこまれて消滅が危惧されていた歴史ある小蔵を、支援者や同好者が集う酒蔵ミュージアムという文化拠点に読みかえることで、短期間に経営を立て直すことができた。結果として蔵周辺の里山風景の保全と観光拠点としての活用が図られている。蔵直売の銘酒の販売も順調に推移し、蔵の一部を活かした里の幸を提供する食事処も人気を集めている。［注17］（写真11）。

写真11：星ふる里蔵

背景：廃業の危機に立つ小さな酒蔵

日本酒の需要は、第二次世界大戦直後の窮乏期の後、朝鮮特需による経済の躍進により大きく拡大し、地方各地の小蔵は大いに繁栄した。やがて高度経済成長の進展に伴って生活が豊かになるとともに、高級酒とされる特級酒の需要が伸び、市場はブランド力の強い大手酒造メーカーに寡占されるようになり、地方の蔵では桶売り［注18］でしのぐところもみられるようになった。やがてアルコール飲料は、ウィスキーやワイン、ビールなど多様化が進み、それに反比例するように酒の需要は長期にわたり低迷するようになった。一九七〇年代になると、地酒への関心が高まり、地方の蔵は再び息を吹きかえし機械化による生産規模の拡大がはかられるようになった。

稲葉酒造場は、このような酒造業の変遷のなかで、ほとんど江戸時代に創業（一八六七年）したままの姿や規模で、細々と酒造りを続けてきた。しかし、茨城県内での県産酒の需要低迷や価格競争による利益率の低下、また高齢化による杜氏・蔵人の引退、後継者の不在などの悪条件がかさなり、五代目蔵元の稲葉一敏氏の引退を契機に廃業を決意するにいたった。

廃業の方針が示された時、二女の稲葉伸子氏が、実家の蔵を継ぐことを決意して十四年間勤めた会社を退職し、蔵にもどって酒の仕込みの研究をはじめた。工技センターの研究員や近隣の蔵元の協力・指導を得て、二〇〇二年の年明けに六〇〇リットル規模の酒母タンクを用いわずかな量の自醸酒を仕込むことに成功した。

ちょうどその頃、県・中小企業テクノエキスパートとして県酒造組合の指導にあたっていた私宛に稲葉伸子氏から相談が寄せられ、新自醸酒の商品化と蔵の整備など経営全般にわたるアドバイスをおこなうことになった。二〇〇二年四月に現地調査を始め、以降二〇〇四酒造年度まで、テクノエキスパートとして指導・アドバイスをおこなった。

方針の立案：小蔵の強みを活かしきる

活用資産の確認：プロジェクト運営の方法を立案するにあたり、蔵の特徴や強みをプラス志向で発見しリストアップする対話型のワークショップを蔵元と二人でおこなった。そのなかから、次のような蔵の個性が浮かび上がってきた。

［古い蔵］：里山の風景になじんだ昔のままの蔵のたたずまいが残されている。

［芳醇な自醸酒］：仕込みを復活したところ、味の良い酒を醸し出すことができた。仕込みの優劣は、「米、酵母、水、蔵人の技、そして蔵そのもの」という五要素で決まるものだが、それらの諸要素が今も生き続けている証である。

［昔ながらの手づくりの酒］：今となっては稀少な、昔ながらの酒造りができる環境が現存している。そのためには大量生産の時代に淘汰された〝手間ひま〟というものに再度注目する必要がある。生産性も低く少量しか仕込めないという短所は、〝うそ偽りのない手づくり〟という希少価値に置きかえることができる。

［知名度の低さ］：長年にわたり少量の出荷だったため、市場の知名度は低く、酒販店との関係も薄い。販路の拡大が困難な反面で、昔の〝通い徳利《かよいとっくり》〟（徳利を持って蔵に酒を買いにいく）を

彷彿とさせるような直販システムが支持される可能性がある。

［資金難］：長期にわたる低生産・低販売量により、蔵を改築する資金は限られている。改築の範囲を最小限に抑えることで、逆に昔ながらの蔵のたたずまいを希少価値として残すことができる。

方針の共有：蔵の個性を明快に描きだせたことから、蔵再生のイメージや考え方を自然なかたちで共有することができた。それは次のようなものである。

［新たな産業構造を想定した蔵再生］：多くの蔵を廃業に追い込んできた元凶である現代の酒の流通システムに対し、それ以前に普遍的であった古い産業のかたちを現代に適合するかたちに読み替え、意識的に取りこみながら蔵の強みとして活かしていく。

［コントラスティブ発想の導入］：蔵の存続・発展に対し阻害要因と考えられてきたものを、全て蔵の個性や強みとしてとらえ直し戦略化する。

・古い蔵↓新築できない貴重な象徴資本↓保存・整備↓動態保存し「酒蔵ギャラリー」として再整備

・試作段階の酒↓手間ひまを存分にかけている↓「本物の手づくり」に徹する。

・手づくりゆえの生産効率の悪さ↓手間代を価格に転嫁／酒販店に卸さず蔵で直販↓案内や解説というもてなしの質向上

・量産できない↓江戸時代のままの「幻の酒」という神話づくりを試みる。

［参画型プログラムの導入］：筑波大学の学生を中心に、次世代を担う若い人たちに支持されるような酒造りやプログラムを立案する。

デザイン・アウトプット

蔵の整備：日本酒の醸造場を、酒を製造する工場と単純にとらえるのではなく、多くのお客さまと、「酒造り」という日本古来の豊かな文化性に満ちた「コトづくりを楽しみあう場」としてしつらえ直していくとともに、蔵をとりかこむ自然環境や歴史的背景にも配慮した調和性のある蔵づくりを志向した。またショップでは、酒を売るだけではなく、来訪者と蔵元との豊かな語らいや触れあいが生まれるような酒蔵ギャラリーとして、時間をかけて調和を醸し出すように整備していくこととした。

蔵のリフォームは必要最小限度にとどめ、蔵の奥は将来的な拡張スペースまたは蔵博物館としても整備が可能なように手をつけずに保存することにした。作業場の整備は、学生ボランティアを最大限に活用した。蔵の本格的整備工事が始まる前に、学生ボランティア八名により二日間にわたり蔵の大清掃をおこなった。これは、マインズオンを誘発するワークショップともいえるものである。蔵を磨くことで参加者の思い入れが高まり、蔵への愛着が醸されるのではないかと考えた。新タンクを設置するエリアの天井の埃を落とし、全ての柱をブラシでこするようにして磨き、柿渋を塗った。長期にわたり倉庫として使われていたスペースも含め、備品類の運び出しや掃除などをおこなった。結果として、蔵磨きに参加した学生の一部は、継続的に蔵の運営に携わるようになった（写真12）。

写真12：試飲室やショップとして整備された蔵の内部

蔵開きにあたっては、入魂式をおこなうべきと提言した。蔵が創業した江戸時代末期から筑波山神社に御神酒を納め続けてきたという歴史を重んじ、筑波山神社にお祓いと祝詞を依頼した。初蔵出しの酒も地元の筑波山神社に奉納し、地域性を感じさせる要素の一つに加えていくことにした。

［ギャラリー・スペースの整備］：蔵再生を始める前に改装した販売コーナーが新建材を使うなど整備方針にそぐわないものであったため、展示商品数を絞るなどして雰囲気づくりに配慮した。とくに試飲室の整備を重視し、試飲室に隣接した麹蔵の活用方法についても検討をおこなった（その後、ショップに改装）。ギャラリー・スペースを「交流ギャラリー」と位置づけ、トイレなど、徐々に必要な設備・装置を整備していくこととした。

［付帯設備の充実］：酒蔵ギャラリーの雰囲気を高め、付帯サービスを充実させる一環として、蔵のBGMの演出をおこなうこととした。顧客の一人である音楽家の半田暁氏にボランティアによるアドバイスを依頼した。仕込みにクラシック音楽を聴かせることを売りにしている蔵もあるが、そのような看板事業的な位置づけではなく、酒蔵ギャラリーとして音の質にもこだわるように心がけた。波の音、鳥の声など、自然の音色の中に、ピアノやチェロ、時には歌声をあわせることにより、ポリフォニック（多声的）な新しい音楽空間の創出を試みた。

［酒造設備の整備］：職人をいっさい使わない酒造りを前提に、作業の負担が比較的軽い小型タンク（六〇〇リットル）六基を設置し、少人数でも安全かつ負担感なく仕込めるようにレイアウトを工夫した。

酒造り：「蔵人（職人）がいなくても酒造りが続けられるしくみ」を模索することにした。江戸時代から変わらぬ古い蔵であるという歴史を生かし、古来の技法にのっとった酒造りをおこない、稀少性のある手絞り（首吊り）による「しずく酒」を目玉商品にした。

販売は、正真正銘の手づくりにより生産量が限られるため、蔵でのみの販売とし、生産性の悪さを逆に個性としてプラスに生かした。「ホンモノの手づくりの酒」という特性を広報するために、自分で仕込む参加型の酒造りの可能性も検討することにした。大吟醸というような超高級な酒にかたよることなく、純米もしくは純米吟醸というような手の届くグレードの酒を大切にし、「手間を惜しみなくかけた普通の酒」というイメージを大切にした。

さらに、さまざまな付帯サービス品（仕込水や甘酒など）の提供や、副次的サービスとしての文化的催事を企画し、顧客に喜んでもらえる蔵としてゆくこととした。

参加型の仕込み：製造計画として、年内に最上級酒の大吟醸酒の仕込みを試みることにした。参加するボランティアやアルバイトを適切に配員するためにスケジュール表を作成した。ボランティアの募集方法と参加のルールを明確にした。

［商品のブランディングとラインナップ］：「コトづくりを楽しみあう場」という基本コンセプトを実現していく具体的方策として、「パンフレット制作」のワークショップをおこなった。パンフレットに掲載する内容を考えるなかから、蔵元の思いやアイデアがさらに明確化されると考えた。グラフィック・デザインの学生に参加を要請し、次のように考え方や企画を整理した。

［蔵と商品名の考案］：稲葉酒造場では、主要ブランドの「男女川（みなのがわ）」の他、

「Message」という銀河をイメージした酒も販売してきた。蔵から眺める星空は美しく、そこに身を置くだけで心身が癒される。清らかな水やのどかな風景、刻まれた長い歴史などが自然に調和している。このようなイメージをもとに蔵の新名称を考えあい、「星ふる里蔵」という物語性や舞台性が強く感じられる新たな名称を考えだし効果的に使ってゆくことにした。蔵仕込みの新商品のブランド名は、委託製造の主力商品「男女川」との差異化を図るため、星にちなんだ「すてら」と命名した。生命力のあるブランド名が自然に生き残るという考え方にたち、今後も新ブランド名の追加や変更についてはあまりこだわらないことにした。

「パンフレットの制作」：商品パンフレットは、一般的にイメージ写真や商品写真、商品名の羅列だけに終始し魅力に欠けるものが多い。酒造りのプロセスの神秘性を語りかけるために、星ふる里蔵での酒造りのプロセスを詳細にわかりやすく伝える内容や蔵元からのメッセージをたっぷりと盛り込むことにした。とくに、ホンモノの手づくりのよさや稀少性を正しく伝えるものとし、小綺麗でデザインに凝ったものより、手づくり感があるものになるように配慮した。ファンをクチコミで増やしていくための具体的情報をできるだけ多く盛りこむことにした。

「しずく」は、事前申し込みを主とし、仕込みが完了した時点を選んでリピーター客を対象にダイレクトメールを発送するようにし、パンフレットに予約欄をもうけた。「しぼり体験可」、「もろみのささやきが聞ける」、「仕込み水の持ち帰りはご自由に」、など五感に訴える情報を豊富に盛りこんだ。この他、パンフレットに盛りこむべきすべての内容を考えつくし議論の俎上《そじょう》に上げて、細部にいたるまで詳細なチェックをおこなった。

［商標文字のデザイン］：「星ふる里蔵」の商標文字については、パソコン文字ではなく、オリジナルの手書き文字を使用することにした。タイミングよく、母屋から先々代の筆になる掛け軸がみつかり、たまたまそのなかに記されてあった新蔵名に縁のある三文字（星、里、蔵）の筆致を生かすことにし、筑波大学の書コースの学生に制作を依頼した。

［ラベルのデザイン］：商品である純米吟醸酒「すてら」の新ラベルのデザインや、関連商品の企画、ラベルに盛りこむ文言などについて検討をおこなった。

［ボトルのデザイン］：高価な酒であることから、七二〇ミリリットル（四合）瓶《びん》を主要商品と位置づけ、一升瓶については、注文があった場合に瓶詰め対応をすることにした。瓶は、試作段階で使っていた「黒フロスト瓶」とした。高級瓶だが、他商品との差別化を重視し、「昔ながらの酒、ウソのない酒づくり」、「自醸酒を大切なものとしてあつかう」という蔵のコンセプトから、デザイン性が過度に強い瓶は使わないことにした。

関連商品の開発：酒づくりの副産物である酒粕等の有効活用や関連商品についての戦略方針について検討した。

［酒粕］：手絞りの蔵の課題として、生産の過程で生じる比較的多量の酒粕の扱いがある。近

年の製造技術の高度化により酒粕はむしろ貴重なものとなっている。特に吟醸・手づくりの酒粕は、一般的に市販されている板粕とは異なり純白で酒分が強く美味である。料理用としての需要もみこまれることから、酒粕のPRを兼ねて甘酒をサービス提供するなどして酒粕を蔵の〝売り〟の一つに位置づけていくことにした。

[酒まんじゅう]：酒にちなむお菓子を製造したいとのアイデアに対しては、高リスク・高負担にならないように限定品とするなどの工夫をするようにアドバイスした。

[粕漬け（奈良漬け）]：酒粕にちなむものとして粕漬けがある。「身土不二」（地ものが一番）の理想に立って、地の朝採り野菜を使った粕漬けなどを開発することにした。当初の基盤づくりの段階では、あまり手を広げず蔵でしか味わえないサービス品にとどめることにした。

[イベントの企画・運営]：池に面したテラスを活かし音楽会などのイベントを企画した。あまり肩肘を張らず、身近な支援者に相談しながらネットワークを広げていくことにした（写真13）。

成果と課題

このプロジェクトの最大の成果は、専門職人（杜氏や蔵人）がいない蔵でも酒造業が営めることが確かめられたことである。職人不足のなかで明るい展望が見出せたことは大きな成果である。産業技術社会のなかで消滅しかけた生業を、参画型デザイニングによってよみがえらせるこ

写真13：蔵の音楽会：蔵の前庭で開かれた音楽イベント。アイルランドの音楽家を招いた（2006年）

とができたわけである。

蔵再生の原動力は、蔵元に潜んでいた仕込み職人としての力能であり、参画型デザイニングがその導き出しを支援したかたちといえる。星ふる里蔵はメディアにしばしば取り上げられ、つくば市産の稀少特定名称酒として知名度を上げている。自醸酒の醸造を再開してから六年目の現在、生業の拠点である蔵を維持・整備しながら、一家の生計が立てられる程度の利益を得られるようになっている。

しかし全て手づくりのため生産量は限られており、現状のままでは画期的な発展は望めない。通年で仕込みができるようにするなどの生産体制の整備が求められるが、蔵の基本コンセプトとの不一致や初期投資の負担リスクなどから、慎重な検討が必要である。また、蔵の存亡は蔵元の働きにかかっており、不安定である。有能な常勤の仕込み職人や販売スタッフなど、後継者をじっくりと育てていく必要がある。

第二の成果は、大手流通システムや酒販店をとおさなくても、蔵の直売により酒造業の経営が可能であることが確かめられたことである。人はかならずしも「酒」という物質的なモノだけを求めているわけではなく、蔵を訪ね蔵元と交流するという物語的な価値を求めている側面もあると思われる。丁寧に手入れがなされた酒蔵を訪ねる人が増え、またその人たちが高価な手づくりの酒を好んで買ってくれ、リピーターになり、またクチコミでファンが広がっていくという好ましい循環が形成されつつある。

プロジェクトをとおして、蔵は単なる製造工場ではなく、グリーンツーリズムの可能性を秘めた観光拠点としても活かせることが実感できた。蔵の存続は、周辺の歴史・文化的風景の保全にも貢献しており、つくば市、茨城県の貴重な地域遺産となることが期待できる。ロケーションの魅力を維持・整備していくためには、地元の人たちとの強い連携的活動が必要である。また持続性を担保するためには、自治体を核とした観光施策が整えられ、蔵が観光拠点の一つとして明確に位置づけられていく必要がある。

大学生を中心に多くの若者が蔵の再生イベントや仕込みに加わったことも画期的な成果といえ

る。ボランティアとして、きわめて意欲的に活動をおこなってきた。このような共生的なプラットフォームを形成しようとする産業活動が、若者を含め多くの人に受け入れられる可能性が高いことが認められた。

参画型デザイニングがなされなかった場合を想定してみると、すべて手づくりの自醸酒とはいえ、知名度が低い状況では、酒販店でも高価格で売り切ることは難しく、廃業時点の利益水準にとどまり製造量も伸び悩んでいたものと思われる。また過剰な初期投資により経営が破綻する可能性も考えられた。さらに単調・孤独な製造業務に限定されることにより、蔵元の意欲も低下していたのではないだろうか。

演劇性について

蔵再生の過程を振り返ると、そこには商品開発や製品製造といったモノの生産を主目的とするプラクシス（成果志向）的行為ではなく、酒づくりや蔵づくりといった生業性を共有テーマとするプラチック（プロセス志向）なコトづくりの物語が見えてくる。とくにこの事例では、参画型デザイニングと演劇とのアナロジー（類似性）が強く見られる。蔵再生の過程を演劇的要素と重ねあわせて、その類似性を示しておこう。

演劇的土壌：仕込みの季節になると出稼ぎ職人の蔵人がやってきて、歌を歌いながら仕込みをおこなっていた昔の酒蔵は、生業そのものがきわめて演劇的であったといえる。そのような環境のなかで育った蔵元が、いつのまにか酒仕込みに対する心と技を吹き込まれていたと考えるのは不自然なことではない。まさに蔵で展開された生業は、蔵元にとってのマインズオン・プログラムであったと判断される。

消費社会の進展のなかで、生産性が低いゆえに排除されようとしていた蔵が、消費の成熟化のなかで「昔ながらの手づくりの酒仕込み」という希少性によってよみがえるようになった背景として、蔵を取り巻く昔ながらの里山風景があるということも、もともとこの蔵が見事にしつらえられた舞台であったことを感じさせる。

［演目性］：「象徴資本としての里山風景と、そこで醸しだされる昔ながらの美酒」という強い演目性が感じられる。もともとは女性の仕事だったとされる酒造りのイメージに、女性の蔵元・杜氏［注19］はよく似あっている。

［舞台性］：風光明媚な筑波山麓の小酒蔵という立地や風景そのものが舞台である。仕込み水として用いている裏庭から湧き続ける筑波山の伏流水や、さまざまな人の協働によって維持され活用される酒蔵ギャラリー、蔵に運命的に呼び戻された高い力能を持つ跡取りの女性蔵元・杜氏など、豊かな舞台性が存在している。

［配役性］：きっかけを生むキーパーソンとしての蔵元と、仕込みを支援した専門家たちによる

リゾームが育っている。その方向づけや価値化をアドバイスした大学などのノマド集団、蔵づくりを手伝ったボランティアの学生達、スタッフとして蔵の基礎づくりを担った人たち、蔵の応援団である贔屓《ひいき》の顧客や酒販店、飲食業者、広報・宣伝役としてのマスメディアなど、小さな蔵ながら、多彩に演者や観客が集い、それぞれの役割を演じあってきた。

［物語性］：現代における生産体制の常識からは成立が不可能と思われ廃業という切迫した状況に陥った酒蔵が、次女の一念をきっかけにして、さまざまな力能を呼び寄せ、よみがえり、新たにはつくりえない貴重な地域資産として再認識され評価されるようになった（図12、図13）。

総合的評価

初期投資を最小限に抑えながら、蔵の再生と経営の立て直しを実現することができた。参画型デザイニングの考え方のもと、ポスト大量生産・消費型のビジネスのあり方を実践的に試み、成功事例をつくることができた。また里山の風景を保全するとともに、観光拠点となりえる酒蔵の整備をおこなうことにより地域に貢献できた。まさに産業と三つのエコロジーの調和をめざすエコゾフィー（2・5・3参照）を合体させた画期的な成功事例といえる。

しかし小さい蔵ゆえに不安定な要素も多々あり継続的な支援が必要である。スケールが小さく資産性も高いことから、じっくりと整備を図る楽しみがあるプロジェクトである。

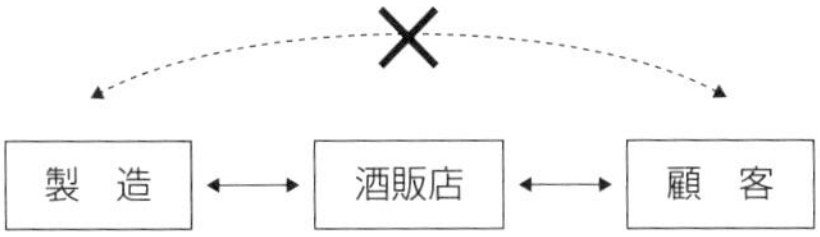

図12：製造工場と位置づけされていた酒蔵の業務フロー

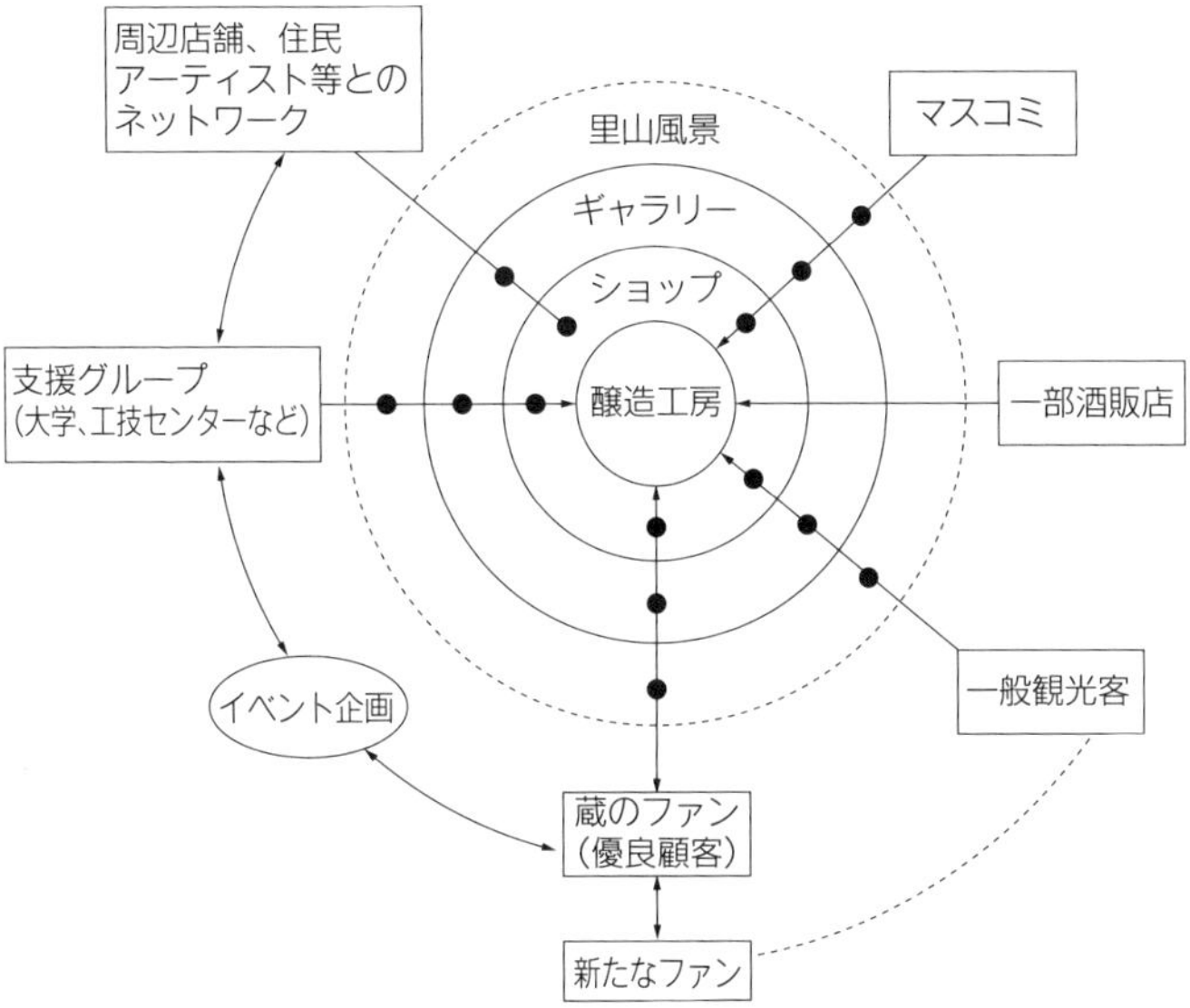

図13：再生プロジェクトにより演劇性を付与された酒蔵のプラットフォーム構造

3・2・4 「石匠の見世蔵」：地場産業の復興をめざす有志による組合活動
―石工七人衆との連携による石材業振興プロジェクト

概要

石材産地として知られる茨城県西部地域の中堅石材業者により二〇〇三年に結成された石材業の再興をめざす「石匠（いしく）の見世蔵組合」（「石匠の見世蔵」と略す）と大学が連携し、衰退が深刻化する地域伝統産業を活性化させるためにコラボレーション型の参画型デザイニングを実践した。「大学が多様な石材製品のデザインを提案」→「石工が分担して製作」という連携のかたちを基本にし、さまざまなイベントへのブース出店や、パンフレット、ホームページの製作など、石材の魅力や地域石材業の存在を広く社会広報する諸活動をおこなってきた。本プロジェクトは二〇〇七年度に五年目を迎え、まちづくりなどへの広がりが見られるようになった。地域伝統産業の衰退が下げ止ったわけではないが、主に墓石関連の請負業に限定され中国製品の脅威に晒されて閉塞していた石材業の現状に風穴が開けられ、個人に潜在する創造力や内発的活力を導き出し高めようとする活動が継続的におこなわれている（写真14）。

背景：衰退が加速する伝統産業

茨城県西部地域は、日本有数の花崗岩（御影石）の産地として知られ、その歴史は室町時代にまでさかのぼる。特に江戸時代以降は石材工芸が盛んになり、それに伴って石材業も大いに隆盛した。近代になると、美しく耐久性の高い花崗岩のよさが広く認められ、駅の階段など建材としても広く活用されるようになるとともに、伝統の技法に近代的な加工技術が加わり、県の主産業の一つとして認められるようになった。しかし、廉価な中国石の流入やバブル経済の崩壊に伴う建材需要の落ち込みなどによって急速に産業の衰退化が進み、消滅危機産業の一つに位置づけられるようになっている。

一九九七年に法令化された「特定産業集積地の活性化に関する臨時措置法」に基づき、「茨城県筑西部地域に係る特定中小企業集積活性化計画」(「石材業活性化プロジェクト」と略す)が、

写真14：工房でのワークショップをとおした石工と学生との交流

県と経済産業省の補助により、一九九八年九月から二〇〇四年三月までの六年間にわたり推進された。筑波大学は、茨城大学や横浜国立大学とともにプロジェクトへの参加・支援を要請され、私は委員に任命された。プロジェクトの終了後も、県商工労働部により継続的に実施されている石材業活性化プロジェクトの委員として、引き続き石材業の支援にあたってきた。このプロジェクトでは、石材加工に伴って発生するスラッジ（石粉）やコッパ（端材）の活用方法の開発や、スラッジの焼成加工によりつくられる培土を用いたトマトの栽培（二〇〇六年度「茨城県イメージアップ大賞」奨励賞受賞）、また品質保証制度を推進する活動など、さまざまな成果を生み出してきたが、石匠の見世蔵も、このプロジェクトから生まれた活動体の一つである。

筑波大学は、石匠の見世蔵を、「若手石材業者の仕事への意欲を高めるとともに、新たな地域産業のあるべき姿を実践的に模索するためのプロジェクト」と位置づけた。そのためには、組合と大学との対等なパートナーシップ（仲間同士の協働体制）の構築による参画型デザイニングの実践が有効であると考え、産学が〝二人三脚〟で地域伝統産業の再興を研究・推進するオープン・プラットフォーム（出入り自由な活動の舞台）の構築とプロジェクトの推進を試みてきた。

方針の立案：石を広報するパートナー型の活動体

「プロジェクトの意義」の共有化：石匠の見世蔵の特徴は、石材業者と大学という今までまったく縁のなかった二つの組織体が対等なパートナーシップを維持しながら、石材業の再興という共通の地平に向かって参画型デザイニングを試みるという点にある。しかしプロジェクトの推進をとおして両者が期待する成果（「果実」と称す）は、相互の性格の違いから当然異なってしかるべきであり、パートナーシップ構築の原則とみなされる「果実の対等な分配」のためには、プロジェクトの意義、すなわち「何のためのプロジェクトか」という基本的な意味についての意識共有（コンセンサス）が求められる。本プロジェクトでは、さまざまな具体的活動を仮説的に立ち上げながら、試行錯誤をとおしてプロジェクトの意味についての検討をプラチック（プロセス志向）に進めようとした。参画型プロジェクトの推進にあたっては、「プロジェクトの意義を考えあい共有化を図る」ということが重要であり、活動の継続にとって有効であると考えたためである。

「何のためのプロジェクトか」ということについて論議をおこなった結果、以下のような内容が共有された。

［石材業のイメージアップ］：製品ラインアップの充実や利益の向上をめざすのではなく、あくまでも石材業のイメージアップやブランディングのための活動である（県の補助を得ているため、販売できないという制約もある）。

［外部ファンの獲得］：県や石材地域の地域イメージを向上させ、地域への愛着を育てるととも

に、地域住民やプロジェクト参加学生をはじめとする外部ファンを増やす。
［学びあう場づくり］：産学相互に、お互いの特技を活かしあい学びあう場を共有する。
［社会的評価の獲得］：石材業が社会的に評価されるような新たな可能性を開拓する。
［果実の分配］：
＜組合の求める果実＞
・多様な人との出会いやコラボレーション（協働）による活力の向上
・石材業と地域のイメージアップおよびブランディングのための活動の模索
・業態の拡大や技能の向上に資する効果
＜大学が求める果実＞
・地域貢献の推進実績と地域ネットワークの形成↓大学の社会的役割の実践と広報
・デザインプロデュースやディレクションを演習するための実戦的フィールドやプロジェクトの確保↓ＦＤ（ファカルティ・ディベロップメント：教授法の改善）の実践
・産業振興による地域の生活の質の向上に関する研究の推進に資する効果

プロジェクトの経過

仮説的に設定した対等のパートナーシップによるオープン・プラットフォームづくりは、次の四ステップに分類できる。

第一ステップ：産学の融合（二〇〇三〜二〇〇四年度）

「バトンタッチ型プログラム」の試行：大学の学生有志が自由に発想しデザインを提案（スケッチを供給）→組合が提案されたスケッチを選択し自由に解釈しながら製作する、というプログラムである。パートナーシップが充分に育っていない段階では、お互いに拘束されず、各自の創造性が自由に発揮され成果がスムーズに生み出されるプログラムが望ましいと判断し、設計をおこなった。

「プレゼンテーション・プログラム」の試行：地域で開催される「まかべの夜祭」や「ストーンフェスティバル」など、多くの人が集まるイベントに積極的に作品を出展し、来場者や主催者からの反応を確認することで、自己分析がおこなわれ、次の活動への意欲が醸成されると考えた。

第二ステップ：パートナーシップの構築（二〇〇五年度）

作品づくりにおける「ワークショップ型プログラム」の実践：組織的に参加学生を募集するとともに調整役の学生を指名・指導し、学生と組合メンバーが連携して作品づくりを検討しあう高度なプラットフォームに発展させた。調整役の修士学生は、その研究成果を平成十七年度及び平成十九年度の修士論文にまとめている［注20］。

「ワークショップ型プレゼンテーション・プログラム」の実践：新線開通にともなって開催された「つくばスタイルフェスタ二〇〇五」に積極的に参加し、会場レイアウトのデザイン、作品設置、会場でのワークショップの実施などを組合メンバーと大学とが連携しながら実施した（写真15、写真16）。

写真15：工房でのワークショップ

写真16：「つくばエクスプレス」開通記念イベントでの作品の展示

第三ステップ：ビジネスモデルの構築（二〇〇六年度）

「ゼミナール型作品制作プログラム」の実践：オーダーメイドの商品をクライアント（依頼顧客）がワークショップ形式によりデザインし制作できるようなビジネスモデルを想定し、各組合員を指導者とするゼミナール形式での作品づくりを実施した。

「見本市型プレゼンテーション・プログラム」の実践：ゼミナール型の作品制作や評価会をおこなった。地元中学校が特別参加をする機会を活かし、交流しあう見本市型プレゼンテーションを試みた。

第四ステップ：地域産業とまちづくりの一体的推進（二〇〇七年度以降）

まちづくりへの貢献：まちづくりのグループや自治体、地域の学校などと連携し、まちづくりに貢献していく。また貢献するために効果的と思える商品開発をおこなう（石の商品、石をモチーフにする創作菓子など）。丁場（石切場）などを活かした観光ツアーの企画やガイドなどをおこなう（図14）。

成果と課題

一九九七年の「石材業活性化プロジェクト」の開始から八年以上が経過したが、その期間を

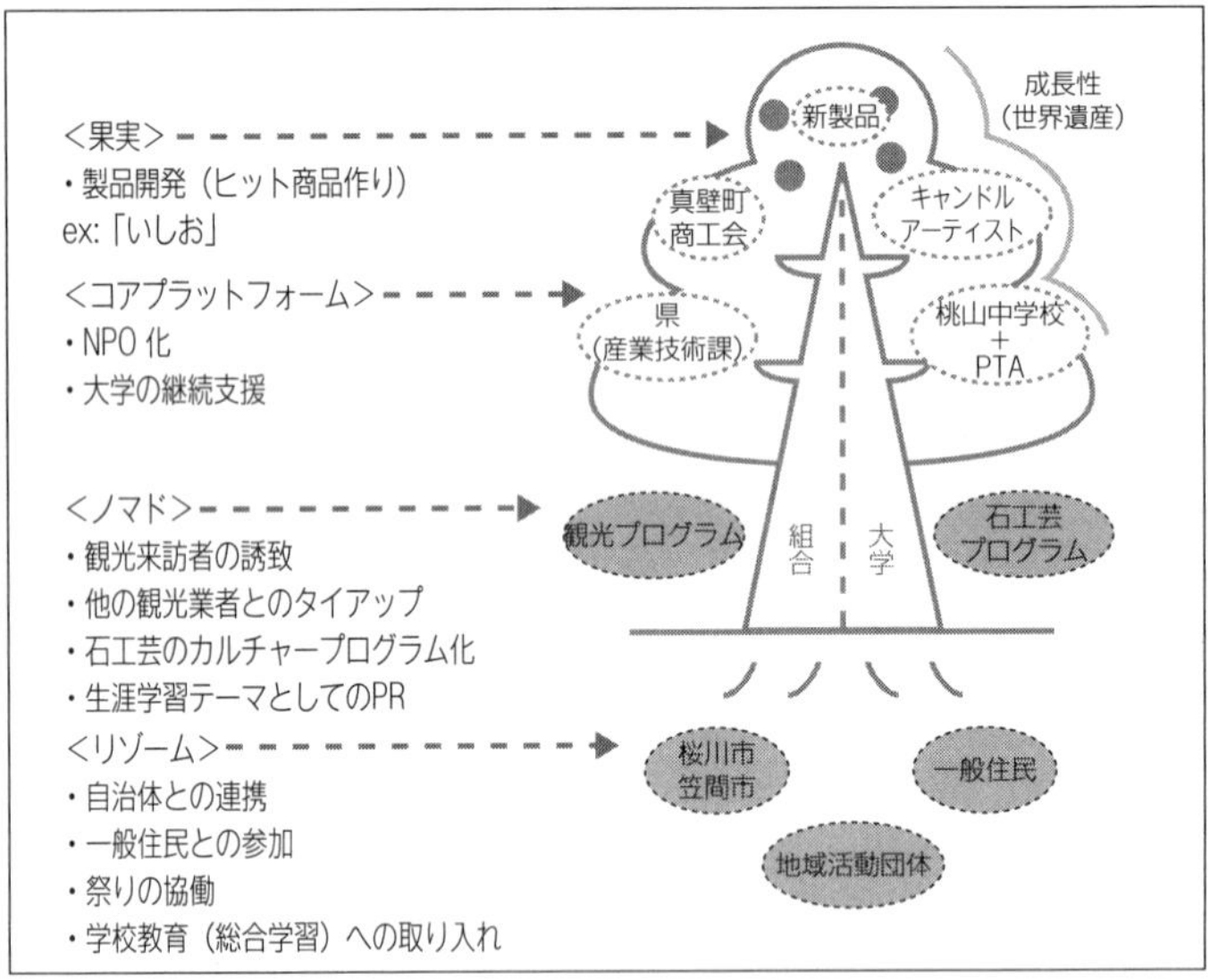

図14：石匠の見世蔵の発展シナリオを示すツリー構造

とおして、石の新商品開発、新技術開発、新領域開発など、さまざまなことを試みてきた。しかし地域伝統産業である石材業の衰退は依然として下げ止まらず、ますます厳しい状況になっている。石材業は、十年以上に及ぶ業績の低迷により体力が弱り切っている。3K（キツイ／キタナイ／キケン）職場であるとともに収入が激減しているため廃業は増加しており、後継者の不足等により今後もその傾向は続くものと思われる。

「石材業活性化プロジェクト」においては、さまざまな支援活動が実施されてきたが、それは大きく「現状整備型」と「現状シフト型」に分類することができる。その差異を寓話的に表現すれば、現状整備型とは、〝あまり甘くないコーヒーに砂糖を加える行為〟、現状シフト型とは、〝新たな飲み物を創作しメニューを充実させる行為〟と表現できるだろう。石匠の見世蔵組合は現状シフトのための試行プロジェクトである。現状シフトを支援するためのプログラム設計について、前章で述べた「演劇的土壌」と「配役性」を参照しながら四年間にわたる組合活動の実践をとおして得られた知見について、考察および評価をおこなってみた。

石材業の状況は危機的である。それだけに起爆する培土は熟成していてしかるべきだろう。しかし、危機に瀕して再興を進めようとする熱意ある動きは、当初はまったく感じられなかった。「石材業活性化プロジェクト」の委員会（県・商工労働部長が委員長）において、地域石材業組合の組合長が、「石材業支援よりも、転業について有効な支援をして欲しい」と発言したように、石材業に携わる人たちは〝諦観〟にとらわれきっているように思われた。

本プロジェクトでは、石材業者に、諦観を乗り越え明日を拓いていきたくなるようなイメージを提供できるような「動機づけの活動」をおこなうことに留意した。それはすなわち、自己に内在する生命力を高めることができるような意欲を自ら生みだそうとする実践的行動である。まずは、現状のままでは閉塞するという危機認識を共有しあうことによって、抜本的な構造改革への意欲の醸成、構造改革の道筋の検討と試行、必要な諸条件（リゾームやノマド）の整備、自己や地域に対する尊厳の再認識、自己評価（自己信頼）に基づく社会活動の実践と情報発信、というような本来の活動基盤が整備できると考えた。四年間にわたる組合への支援は、主に「培土の熟成」に注力し設計したプログラムであったといえる。

「現状シフト志向」に限定し、ユニークな活動が具体的な進展を見せる中で、「現状整備志向」にとらわれるメンバーの離脱が見られた。その理由は、利益につながらない、手間が大変、忙しくて参加できない、既存の石材組合活動との板挟み、などである。しかしその現象はチームワークを弱めるものではなく、むしろ「現状シフト志向」を肯定し活動に前向きな同志メンバーの結束を固くさせ、促進者たりえる六人の核となるメンバーを定着させることにつながった。二〇〇六年度には、一名が加わり、七名の体制となった（「石工七人衆」と呼ぶ）。

コアメンバーとの対話のなかで、石材業者同士の人間関係の希薄さが問題の根底にあることがわかってきた。挨拶程度のつきあいしかなかった同じ産地で働く同業者が、プロジェクトへの参加をとおして協働する機会が得られるようになったことを高く評価する意見が聞かれた。

二〇〇五年の新線TX開通イベント以降、組合と大学とのネットワークが緊密化するとともに、学生に技能を教授するというゼミナール方式の活動に発展してきたことで、石材業に携わることへのプライドや自己分析、自己評価が一層進んでいるようにみえる。また、真壁町の観光事業に石材業を活かす検討や、世界遺産も視野に入れた石材修復事業への検討などがおこなわれ、現状シフトが具体的に進みつつある。

石匠の見世蔵組合は、社会的活動実績や活動紹介パンフレットやビデオなどによるＰＲ活動をとおして、「実業の場での信用が高まる」という副次的効果がみられるようになってきた。しかし本プロジェクトから生みだされた作品は、ほとんどビジネス・メリットを生みだしていない。ヒット商品が生まれれば活動を加速させることができると考えており、引き続き商品開発の工夫をおこなっていく。

県内の陶芸のまちに比べると、石という地域産業を活かしたまちづくりはまったくおこなわれてこなかった。産地共同体の構築とともに、石を活かしたまちづくりは、このプロジェクトにとって今後推進すべき上位の課題と位置づけられる。継続的な活動のためには安定的な活動費の確保が課題である。担当する専任学生の能力に負うところが大きいことも課題である。

総合的評価

石工七人衆を中心に、石材業者の連携力や意欲を高めることができた。またイベントをとおして石材業の社会的なイメージを高めることに貢献できた。石匠の見世蔵は、県・デザインセンターが主催する二〇〇七年度の「いばらきデザインセレクション」に選定されている。大学教育への貢献度も大きく、引き続き活動に参画していきたい。石材業者の意欲が高く、活動のポテンシャルは充分にあると判断できる。

3・2・5 「ピョン太文庫」：商店街につくられた絵本の図書館
―商店街活性化事業のプロデュース

概要

水戸の駅南に位置する本町三丁目商店街（「下市商店街」と略す）は、全長五〇〇メートル程の幅広いバス通りの両側に五〇店舗ほどが軒を連ねる商店街で、四百年以上の歴史をもつ比較的居住型店舗が多い商店街である。近年、郊外型大型店舗の増加にともなって徐々に顧客数が減少するとともに、店主、顧客の高齢化が進み廃業する店も増えている。一九九八年九月に、商店街の衰退に歯止めをかけ魅力化を図ろうと、商店街振興組合の発案により「タウンモビリティ［注21］」のまちづくり」の検討がはじまった。高齢者や障がいのある人など、誰にもやさしく安全で暮らしやすい商店街づくりをめざそうとするもので、まずは勉強会が開かれることになり、当時「地域中小製造業支援プロジェクト」で電動スクータを開発した私に、まち歩き支援システムとして注目されはじめていたタウンモビリティについての講演依頼があった。空き店舗を活用した商店街の交流スペースである「ふれあい広場」を拠点に、毎月一回の例会が開かれることになり、県が指名する「商店街活性化アドバイザー」として継続的にかかわることになった。以降、新たに結成された「タウンモビリティの会」の会員として、八年間にわたり学生たちとともにこの商店街のまちづくり活動に参画してきた。二〇〇五年十一月には絵本の交流館「ピョン太文庫」が開館し、子育て世代支援をテーマとした新たなまちづくりへの胎動がみられる（写真17）。

背景：人影が消えた地域商店街

下市商店街の衰退化は、多くの地域商店街と同じように商店主や周辺住民の高齢化にともなって長期にわたり少しずつ進行してきたために、今日の切実な衰退状況を予見できず適切な対策がとられなかった。水戸市においては、市の顔とみなされてきた駅北側に集中する商業施設にはさ

写真17：ピョン太文庫の入口

まざまな支援がおこなわれてきたが、南側に位置する下市商店街はほとんど手つかずの状態に置かれていた。一九九〇年代に入るとバブル景気が崩壊し、また郊外型大型店舗の進出が進むようになるとともに、下市商店街の衰退はさらに切実なものとなった。

一九九八年に、本町三丁目商店街振興組合は県の補助によりまちづくり活動を開始した。建設省（現・国土交通省）により運用実験がおこなわれた「タウンモビリティ」に注目し、一九九八年九月に商店街振興組合員を対象とする講演会が開かれ、私が講師をつとめた。さらに県派遣の商店街活性化アドバイザーとして同年末までに五回のワークショップを開催し、タウンモビリティステーションの開設に向け具体的検討をおこなった。

方針の立案：試行錯誤による生涯学習型のまちづくり

このプロジェクトは、「中小製造業支援事業」のような工業系の産業支援型プロジェクトとは異なり、目的や求められるアウトプットがあいまいなプロジェクトである。このプロジェクトに取り組むにあたり、次のようなプロジェクト設計方針を立てた。

「プラチック」なプロジェクト運営：下市商店街が取り組む初めての大プロジェクトであると同時に、私にとっても初めて取り組むまちづくり型のプロジェクトであったため、大学がリーダーシップをとることを控え、大学も共に勉強させてもらうという立場をとり、成りゆきや時間軸を重視した「経過観察」の姿勢で臨むことにした。商店街のメンバーとも、「ゆっくり、無理なく進める」というプラチック（プロセス志向）重視の方針を了解しあった。

一年間ほどの時間経過をとおして、下市商店街の構成員の性格や位置づけ、相互の関係性が徐々に明らかになり、それが参画型デザイニングの企画・運営に役だった。実態としては、推進役の振興組合長とおかみさん会の四人を除き、まちづくりに意欲的なメンバーは少なく、大学も下市商店街の多くの人に受け入れられているとはいい難い状況にあった。下市商店街では看板事業としてタウンモビリティの導入を大々的におこなう体力は乏しいと判断し、有志による活動として継続性を重視するとともに、リスクを最小限にとどめることに留意したプログラムを設計することにした。今までの振興活動の経過や、周辺の住環境の特質や基礎体力などを軽視し、目的志向を旨とするプラクシス（成果志向）なプログラムを強引に推進することは、資金や人材が限られているまちづくりには適さない。まちづくりへの参画においては、初期段階における経過観察のプロセスが必要不可欠であるといえる。

交流の促進：まちづくりをおこなう上で考慮すべき要件が経過観察をとおして見えてきた。その第一は商店街の人間関係の固定化である。生まれて以来ずっといっしょに暮らしてきた商店街の各店舗の住民は、共同体の成員であるとともに「商売敵」でもあり、住民同士の密接な連携が育ちにくい環境があると思われる。また周辺地域の高齢化によって人影が少なくなり、それが商店主たちに閉塞感を生んでいるようにも思われた。最重要課題は、このような閉塞感に風穴を開ける多様な交流の推進であると考えた。

経過

一九九九年九月より二〇〇七年現在まで、七年以上にわたり参与観察をおこなってきた下市商店街での活動は、大きく三期に分類することができる。

第一期：タウンモビリティ導入検討期
第二期：まちづくり事業検討期
第三期：交流拠点整備期

第一期：タウンモビリティ導入検討期（一九九八年九月～二〇〇〇年十二月）

一九九八年九月、商店街の衰退に危機感を持った下市商店街では、一九九六年に建設省により全国三カ所（柏市、武蔵野市、広島市）で社会実験がおこなわれたタウンモビリティに注目し、その導入検討をおこなうことにした。高齢化が進む周辺住宅街の住民を対象にした「人にやさしい商店・町づくり」の一環としてタウンモビリティを導入し、歩行に困難を感じる人への支援サービスを充実させようとするものである。私は茨城県商店街活性化アドバイザーとして参加を

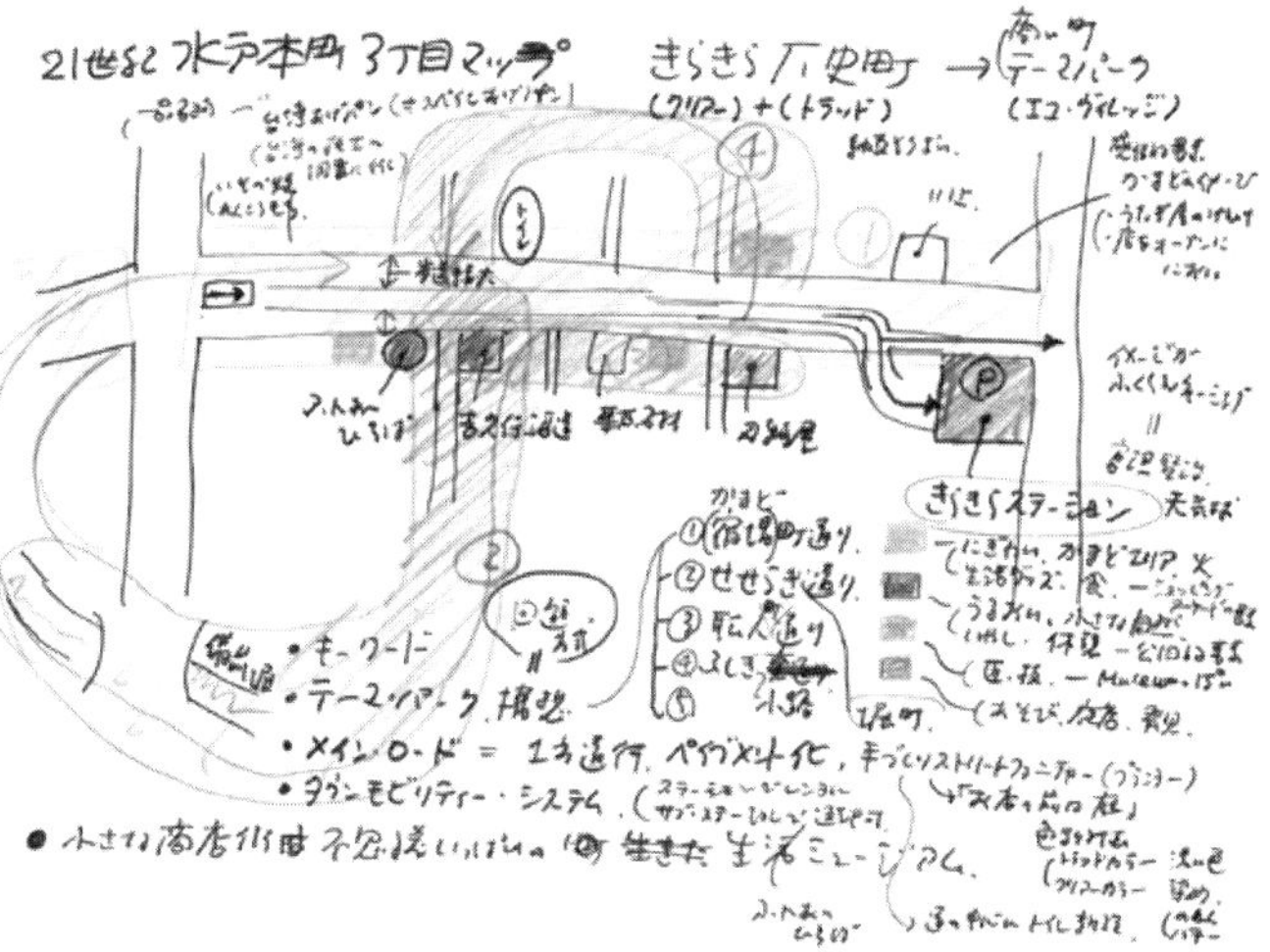

図15：ワークショップで描かれた「きらきら歴史村」のイメージ・スケッチ

要請され、タウンモビリティの概念に関する講演会をおこなうとともに、まちを活性化させるためのワークショップ型イベントである「タウンモビリティ講座」の開催を提案し、一九九八年十二月までの三カ月間に七回開催した。また「明日のまちイメージ」を描くイメージカタログづくりのワークショップを振興組合メンバーと大学の修士学生（三名）との協働により実施した。なお、大学はそれを授業課題として取り上げた（図15、図16）。

一九九九年初頭以降、振興組合メンバーと大学により月例会を開催し、イメージカタログをもとに、タウンモビリティ導入の基盤となるまちづくりに関し具体的な検討をおこなった。

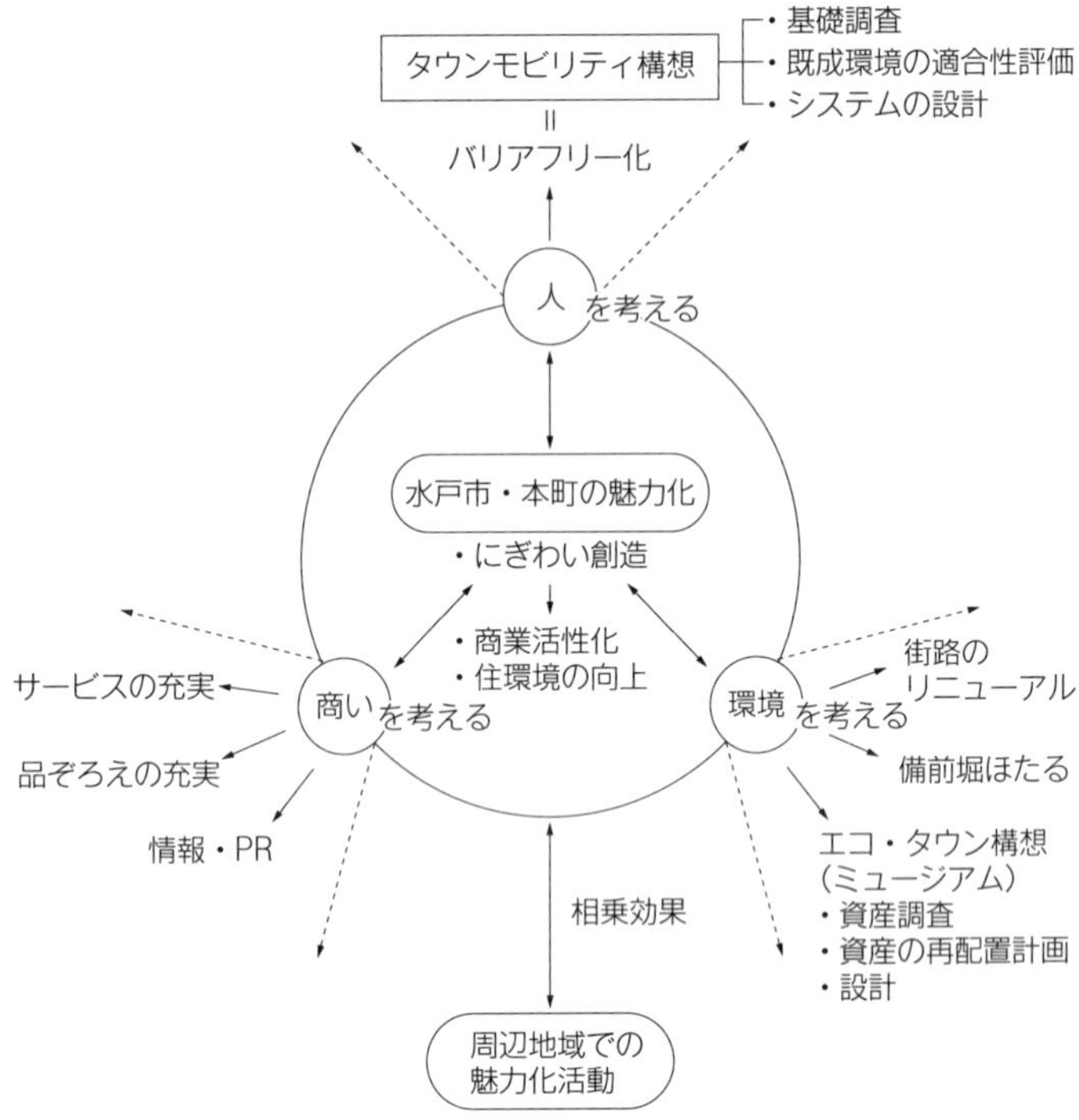

図16：まちづくり活動の概念図

一九九九年七月に、「本町三丁目商店街活性化計画（案）」がまとまり、振興組合に提案し了承された。「魅力化推進プロジェクト」のもとに、「商店街魅力づくり計画」、「人にやさしい街づくり計画」、「エコ・タウン・ミュージアム計画」という三つのプロジェクトを置く案である。「商店街魅力づくり計画」は、にぎわいを創出し店を元気（商売繁盛）にするための短期速効型活動である。「人にやさしい街づくり計画」は、福祉社会の進展を見据えた先進事業を展開し商店街の新しい個性を創出しようとする近未来型プロジェクトである。「エコ・タウン・ミュージアム計画」は、環境デザインの考え方をまちづくりにとりいれ、まちを総合的に魅力化していくための長期目標型プロジェクトである。

一九九九年七月に、振興組合や支援団体（NPO、建築士会など）、筑波大学、茨城大学など二二名の参加により、第一回「タウンモビリティ実行委員会」を開催し、パワーアップのための諸事業とともにタウンモビリティ導入計画の具体的な検討をおこなった。この活動には、「平成十一年度茨城県中心市街地商業活性化基金」からの助成が受けられることになった。以降、商店街が参加する各種の祭（神社の例祭、時代祭など）において、電動スクータによる運用実験やまちのバリアチェックを活発におこなった（写真18）。

二〇〇〇年十一月に、タウンモビリティの具体的導入を検討する「タウンモビリティ企画・推進部会」（部会長：蓮見）を組織し、同年末までに三回のミーティングをおこない、タウンモビリティのまちづくり宣言の草案、各種事業の推進、ウェブサイトの構築などについて検討を進めた。

写真18：電動スクータによるまちのバリアチェック

第二期：まちづくり事業検討期（二〇〇一年一月〜二〇〇四年十二月）

二〇〇一年二月に、タウンモビリティ企画・推進部会を発展させたかたちで「タウンモビリティのまちづくり事業 企画・推進部会」を立ちあげ、二月中に四回にわたり、以下の五つの事業計画について検討をおこなった。

・「にぎわい事業」：まちづくり株式会社を立ちあげ、七〇〇〜八〇〇〇万円の資本金を集めて「食の店」の新規出店を検討する。

・「ふれあい事業」：ウェブサイト（タウンモビリティの全国ネットワークとリンク）を開設する。

・「学び合い事業」：まちづくり教室を開催する。
・「UD推進事業」：視覚障害者の付き添い体験講座を開催する。バリアフリーマップを作成する。UD（ユニバーサルデザイン）研修の修了証を店頭表示する。
・「タウンモビリティ推進事業」：仮オフィスを開設する（スタッフの常駐、電動スクータ三台の常備、会員募集、カフェ・サービスなど）。

二〇〇一年三月に「タウンモビリティの会」が発足し、「タウンモビリティのまちづくり宣言」と記念イベントを、市長、関係者、住民など百人以上が参加しておこない、商店街振興組合の交流拠点である「ふれあい広場」にタウンモビリティステーションを開設した（写真19）。「だれも

写真19：本町３丁目商店街のタウンモビリティステーション

が安心して暮らせ、にぎわいのあるユニバーサルデザインのまちづくり」を骨子に、五事業の推進を広報した。

宣言にしたがい、二〇〇一年四月に下市タウンモビリティ実行委員会臨時例会を開催し、タウンモビリティ運営のための役割分担、貸し出しルールの策定、早急に整備が必要な項目の洗いだしなど今後の計画について検討・決定した。

二〇〇一年六月から十二月にかけて、四回にわたり「まちづくり教室」を開講した。人にやさしいまちづくりの一環として、外国人、障がいのある人、高齢者についての知識を高めようとするもので、「キムチでヘルシーダイエット」、「聴覚障害者にやさしいまちづくり」、「視覚障害者にやさしいまちづくり」、「二十一世紀の高齢者世代」などのプログラムを企画・開催した。

実行委員会では、「まちづくり会社」設立に向けての検討もおこなわれた。タウンモビリティの利用が伸び悩んでいるが、その元凶はまち歩きを楽しむ拠点が少ないからであるとする問題意識に基づくものである。商店街振興組合員からの出資により、まちづくり企画会社の設立や、食彩庵（コンビニ＋パブ）の出店など、ビジネスの可能性についても検討された。また外部講師を招いて「地域通貨」の導入も検討された。二年以上にわたる検討をとおして、まちづくり会社はリスクが高く実施は困難とする意見が高まるとともに、まちづくり会社推進派メンバーの離脱を招く結果となった。

まちづくり会社の検討と平行して、住民手づくりの活動である出前タウンモビリティやまちづくり教室（講演「よみがえる常陸風土記の世界」、「手作り味噌教室」、「ガーデニング講座」、「パソコン教室」）は継続的に実施された。まちづくり活動に困難が生じても、またメンバーが減少しても、月例会を継続的におこないながら活動を続けてきたことが下市商店街のきわだった特徴といえる。

第三期：交流拠点整備期（二〇〇五年一月〜現在）

まちづくり活動が七年目を迎え、閉塞感が漂いはじめたころに、活動を当初の目標である「住民による住民のためのまちづくり」にもどしたいとする動きがみられるようになった。会名に用いられているタウンモビリティは親しみにくいこと、またまちづくりの目標は外出支援システムの構築にとどまらず、人にやさしいまちづくりであること、活動は身の丈でおこなえるものであるべき、との考え方にもとづき、二〇〇五年一月に「タウンモビリティの会」を改組し、「かえるタウン交流の会」を発足させた。

二〇〇五年三月に、ショップモビリティやタウンモビリティに造詣《ぞうけい》が深い白石正明氏を講師に招き懇談会がおこなわれたが、そのなかで、氏より「絵本の図書館づくり」が提案された。まちづくりの対象者を高齢の人や障がいのある人に限定することなく、いろいろな人が集える場所、子どもや親も含めみんなが安心して居られる場所、人の働く顔が見える楽しい場所づくりの必要性が説かれ、その考えがメンバーに支持された。

二〇〇五年七月の月例会では、さまざまな人が集える楽しい商店街活動の一つとして浮かんだ絵本の図書館づくりに向けての企画や補助金申請に関する検討をおこない、商店街の空き店舗を利用して「絵本図書館」を開設すること、そして絵本については主に地域の人たちに呼びかけて寄付を募ることを決めた。商店街のなかにある廃業した元人形店の店舗を低額で借りられることになり、その改装を会員の手でおこなうことになった。また、筑波大学図書館情報専門学群四年次生二名とその指導教員により、寄付された一五〇〇冊以上の絵本の整理や貸出システムの整備など、司書業務を中心に立ち上げ支援がおこなわれた。

二〇〇五年十一月に、絵本の交流館「ピョン太文庫」が開館し、オープニングイベントとして、紙芝居実演、戦前の住宅地図展示、餅つき大会、模擬店、バルーンフェスタ（風船づくりのイベント）などをおこなった。ピョン太文庫は週三日開館とし、かえるタウン交流の会が運営することになった。以降日曜日（月三回）には紙芝居と読み聞かせを関連四団体の協力でおこなうことにした。ピョン太文庫を多角的に活用し、従来からおこなってきたパソコンサロンやまちづくり教室、映画会などを、店の奥の作業スペースや食堂を活用して継続的におこなうことにした（写真20）。

成果と課題

ピョン太文庫の開館により、子育てを活動テーマとするＮＰＯ（民間非営利組織）が商店街で活動をおこなったり、県立高校美術部によりシャッターペインティングがおこなわれるなど多角的な活動の広がりが見られるようになってきた。

この間、会員減による商店街振興組合の解散や商店の店じまいなど商店街の衰退はジリジリと進行している。しかし、まちづくり活動をとおして、人数は少ないもののしっかりとした外部支援者が生まれたことや、商店街のメンバーの意欲が高い状態で維持されていること、少しずつではあるが来訪者が増えていることなどに一縷《いちる》の希望がみいだせる。

写真20：絵本の交流館「ピョン太文庫」での語り聞かせ

外部の人との交流が広がるなかで、商店街居住者である活動メンバーが一部に限られていることは残念である。また活動が商店街の売り上げや活性化に直接的な効果を生んでいないことも検討すべき重要課題といえる。さらにこのプロジェクトの根本的な問題として、活動が草の根運動にとどまり、事業所や自治体との連携が弱いことがあげられる。

総合的評価

八年間にわたり休むことなく月例会を続けてきた実績が、このプロジェクトの最大の成果物である。その間多くのメンバーが去来したが、残留したキーパーソンの新井均氏、館長の西宮能信氏、おかみさん会のメンバーの連携力は強固なものがある。さらにノマドとして施工や情報関係に強い外部のメンバーの結束も強く、基盤はしっかりと構築されている。そのような蓄積された実行力によって、絵本の交流館が短い準備期間を経てスムーズに立ち上げられたことは、メンバーの自信につながっている。この施設を中心に多様な団体との交流が生まれ、徐々に商店街に今までとは異なる人の姿がみられるようになっている。タウンモビリティ活動では交流が育たなかったが、文化性を有する活動はネットワークを広げる力があると実感した。映画会の定期開催や小学校との本格的な連携など活動も多様化しつつあり、活動開始より八年目にしてようやく成長サイクルが回りはじめる気配がみえてきた。

まちの姿に大きな変化は観察できないものの、その底流にしっかりとしたコミュニティ意識を有する住民活動が根づきつつある。

3・2・6 「つくばアーバンガーデニング」：花のまちづくりをめざすNPO
―市民主体によるまちづくりプロジェクト

概要

新都市の殺風景なセンター地区を活動フィールドとして、国際的レベルの花のまちづくりを進めようとする市民団体「つくばアーバンガーデニング」を核として形成された産学官民連携のプラットフォームに参画し、環境デザイン部会の活動を企画・運営した［注22］。

背景：ほころびが目立つ新興都市

サイエンスシティつくばは、首都圏近郊のニュータウンである。国の法令による新都市計画によって一九六八年に建設がはじまり、一九八〇年に概成した。概成以降は早々に老朽化が目立つようになり、「人工的で殺風景なまち」「自殺が多いまち」というような風評も聞かれるようになった。

都市のスプロール化によって中心部の荒廃がみられるようになった欧州諸国では、一九六〇年前後から「花のまちづくり」運動が競いあっておこなわれるようになった。フランスでは一九五九年に「フランスを花で飾ろう」(Fleurir la France＝F.F)、ドイツでは一九六一年から「わが村は美しく」(Unser Dorf soll schöner werden)、イギリスでは一九六四年から「花咲く美しいイギリス」(Beautiful Britain in Bloom＝B.B.B) などの活動が展開され、フランスでは一万、ドイツでは五千、イギリスでは一二〇〇もの市町村が参加している。また、アメリカ合衆国では、サンフランシスコの「SLUG」(San Francisco League of Urban Gardeners) のように、都市緑化という公共事業を請け負うNPOも出現している。

つくば市では、市の顔であるセンター地区の活性化のために、国際都市にふさわしいレベルの花のまちづくりをおこなおうとする施策が市長の発案により検討された。市民団体である「暮しの企画舎」は、一九九〇年から女性庭師を育てる活動や市有地内の花壇づくり活動をおこなってきたが、市・市民双方の意図が合致し、一九九八年に「つくばアーバンガーデニング」(「TUG」と称す) という市民団体が設立され、市の補助金も得ながら花のまちづくりを担うことになった。その後TUGは、二〇〇三年にNPO化されている (写真21)。

TUGの活動目的として、「市の顔であるセンター地区を、国際都市にふさわしいセンスのよい花と緑で飾り、町のにぎわいと楽しさを創出する」、「花をとおして市民の心の優しさ、温かさを訪れる人びとに伝える」、「デザイン・管理等を市民参加でおこない、住民のまちに対する愛着を深め、市民参加の象徴的な事業を展開する」、「市内で栽培された花卉《かき》等を使用することにより農業の振興を図り、あわせて都市部・農村部の住民交流を促進させる」などが掲げられている。

組織は、実行委員会と事務局のもとに三つの専門部会（花壇整備、環境デザイン、交流）が設置された。メンバーは、市、県、住宅・都市整備公団（現・都市再生機構）、関連公益法人・企業・団体、市内花卉農家、大学関係者、市民ボランティアなどによって構成された。主な活動資金は、市からの補助金（一七〇〇万円）および公益法人や企業・団体からの協賛金である。

私は、三つの部会の一つである「環境デザイン部会」の部会長として同部会活動を運営する

写真21：TUGの花植え活動─雑草に覆われた空地を花壇に変えていく

ことになった。以降は、環境デザイン部会での取り組みに絞り、その参与観察結果について報告する。

方針の立案：参加型ワークショップによるまちづくりの人材育成

環境デザイン部会の活動を始めるにあたり、以下のような方針を設定した。

環境デザイン部会の役割の明確化：味のある市民手づくりの環具（プランターやベンチなどの〝まちの花器〟や〝まちの家具〟）を町中に増やすことにより、花壇整備活動を支援していく。一般的におこなわれる花壇整備活動を一歩前進させる試みとして、さまざまな場所（土のないところなど）に花を飾る試みをおこなう。エコタウンをめざす一環として廃材を活かしていく。スポンサーを得て自立的な市民主導活動に育てる。TUGの活動をビジュアル（視覚的）にアピールする活動をおこなう。（マスコットや看板などのガーデニングツールや活動プロモーションデザインなど）（写真22）。

プラットフォームの設計方針：ワークショップの企画・運営をとおしてプラットフォームを構築していく。ワークショップの参加者にデザインワークを楽しんでもらいながら参画型デザイニングのプロモーションをおこなう。ワークをとおして花のまちづくりのデザインを担うプロモータ的人材を発掘する。住民だけでなく、市職員や企業の社員などにも参画してもらい、「市民団体主導+行政参画型」の多機能型プラットフォームに育てる。

活用資産についての方針：新都市であるがゆえに文化・歴史資産などの象徴資本が弱いことに着目し、新たな象徴資本の創造という難しい課題に挑戦する。花の象徴資本化を目標とするが、それは容易ではなく、まずはさまざまなところを花で飾る活動を試みる。ワークをとおして参加者同士の交流を図りながら人的資産の発掘と活用をおこなう。

演劇性についての方針：新興都市の特徴としてリゾームが弱体であるため、都市開発に伴って移住してきた人たち（「新住民」と略す）に活躍の場を提供する。パフォーマンス性やプレゼンス性は新住民のほうが強く、それに対して行政も含め地元住民の発信力が弱いというアンバランスな構図がみられる。このように一般的な地域のまちづくりとはまったく異なる演劇的土壌があるため、ノマド的特性をもつ新住民が遊離する危険性に配慮しつつ慎重に活動を進める必要があ

写真22：TUGのマスコット「TUGぼうや」

る。

欧米諸国で試みられている「花のまちづくり」運動を模範にした本格的な活動を実践する。花をとおして、交流の輪を広げる。その活動状況を広く国内外に発信し、まちの個性として定着させる。自らプロジェクトをプロモートでき、まちの担い手となりえる主体的な住民を育てる。

プロジェクトの経過

誰でも楽しくデザインワークが経験でき、自分のオリジナル作品をつくりだせるワークショップを、一九九八年度から二〇〇一年度までの四年間にわたり企画・運営した。ワークショップでは、見学会などの「好奇心と観察力を育成するプログラム」、「デザインに親しみ、デザインを楽しむプログラム」、「設計・制作をおこなうプログラム」を設定した。

【一九九八年度】

写真撮影による印象調査／センター地区のストリートファニチャー（通りに置かれるベンチなどの家具）の発見と評価／ベンチ・プランターのデザイン／クリスマスツリーのプランターデザイン（写真23）／ツリーコンテストの投票箱のデザイン／バナー（旗）のデザイン、などをテーマとする六回のワークショップをおこなった。

〔一九九九年度〕

「はじめてコース」と「実践コース」という二コース（各六回）のワークショップ・プログラムを開設した。「はじめてコース」は、楽しくデザインを学べるカルチャーセンター的内容の教育プログラムと位置づけた。「実践コース」は、「はじめてコース」の修了者によって構成し、ストリートファニチャーの制作をおこなうことを試み、大学内の工房でプランターを制作した。つくばセンター地区で駐車場を経営する（財）都市交通センターが、七つの手づくりプランターのうち六つを料金所入り口に設置してくれることになった（写真24）。

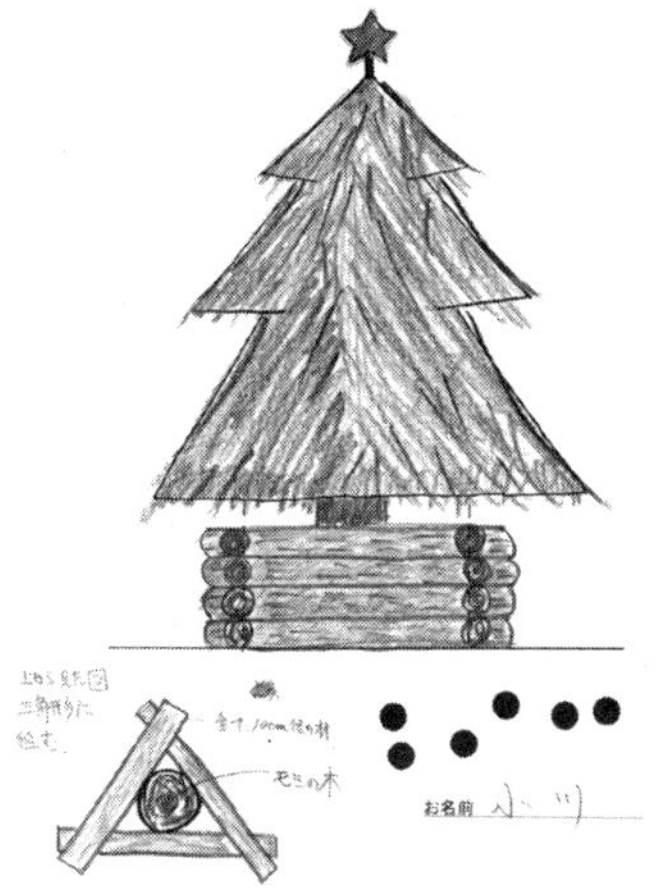

写真23：クリスマスツリーのプランターデザイン

写真24：公共駐車場で活用されたワークショップの作品

〔二〇〇〇年度〕

建築見学会／雑木林での材料集め／発想プログラム／設計プログラム／笠間在住陶芸家の工房見学／里山でのプランターづくり（写真25）をテーマとするワークショップをおこなった。

〔二〇〇一年度〕

木のパズル・木のピックづくり／根っこのプランターづくり（写真26）／環境デザインツアー（石切場、工芸のまち訪問）／里山探検と自然素材を活かした花器づくり、というテーマのワークショップをおこなった。ワークショップ参加者に呼びかけ、公共的な環境デザイン業務を請け負うプラットフォームである「Ｄ-ＴＵＧ」を結成した。

成果と課題

環境デザイン部会の役割についての成果と問題点：廃材等を再利用した市民手づくりのプランターを駐車場に設置し、二年間にわたり管理を請負った。殺風景なセンター部を花で彩る活動を実践し、スポンサーを得ておこなう住民主導の花のまちづくりのビジネスモデルを構築することができた。マーク、マスコット、Ｔシャツ、バッジなどＴＵＧの活動をビジュアルにアピールするデザイニングをおこなった（写真27）。

写真25：里山でのプランターづくり

写真26：木の根っこのプランター

写真27：TUGバッジ

ＴＵＧ環境部会の問題点は、参画が住民に限定されるようになってしまったことである。市役所職員や企業の社員などの積極的な参画は得られず、「住民団体主導＋行政参画型」の多機能型プラットフォームの構築は成立しなかった。

プラットフォームの構築についての成果と課題：四年間にわたりワークショップを開催し、

公共的な環境デザイン業務を請け負うＤ-ＴＵＧというプラットフォームを構築した。ワークショップをとおして、多くの一般住民にデザインを身近に感じてもらうとともに、花のまちづくりのデザインを担うプロモータ的人材を発掘することができた。しかし人的・資金的問題から、環境デザイン部会のプラットフォームは自然消滅したかたちになっている。

演劇性についての成果：参画型デザイニングの芽を生みだすとともに、「里山で遊ぶワーク

ショップ」など、つくば市ならではの参画型デザイニングが展開できるプログラムを開発することができた。しかし、演劇的土壌が豊かに育ったとはいいがたい。それは、行政、事業所それぞれとの連携体制の整備が不十分だったことによると思われる。

期間限定的ながら、「公共の土地を住民がガーデニングする」というユニークな活動を実現し、他のまちにはみられない規模と品質をもった花のまちづくりを実践することができた。しかし、花をテーマとする総合的な都市センターの整備が実現できたとはいいがたい。花をとおして、新たな出会いや交流の輪を広げ、暮しの企画舎が推進する活動に応用できるノウハウを開発するこ

とができた。しかし、物語の展開効果（活動前と後の変化をアピールする力）が弱く、物語性が希薄となっている（もともと計画的に整備された綺麗なまちであり、活動による物語の展開効果が現わしにくい）。新たな鉄道の開通でセンター地区の様子が激変したため、新たな活動プログラムの検討が必要である。

総合的評価

このプロジェクトでは、「花のまちづくりに興味を持つ多くの住民参加の誘発」、「デザイン力のある住民の発掘」、「住民による環境デザインの実践」、「住民による器具の制作」、「公共空間での展示」、「住民主体のビジネスモデルの構築」というような方針に沿った活動を実践することができた。また、ワークショップを中心とする参画型デザイニングによって、自らプロジェクトをプロモートすることができる住民を育成することができた。しかし、当初期待されたような「花のまちづくり」を継続的に発展させられるビジネスモデルを構築することはできなかった。また住民主導の活動の高まりを産学官民一体型の活動に高めることはできなかった。

現在、暮しの企画舎とともに花のまちづくりにふさわしいビジネスモデルの構築をめざし、「プランター出前サービス」（写真28）など、いくつかの取り組みを試みている。最近では、学園都市のシンボルの一つであるペデ（ペデストリアン＝遊歩道）に面する筑波メディカルセンター

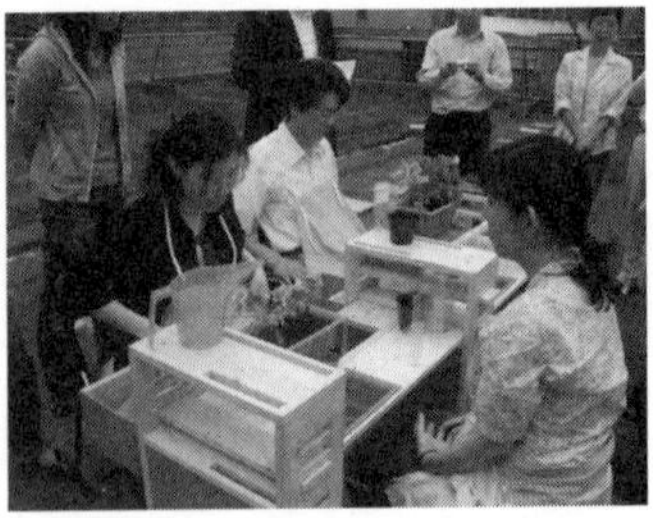
写真28：プランター出前サービスの試行

病院との連携により、市が管理するペデを花で飾ろうとする運動が立ち上がった。隣接する松見公園にTUGが「緑のデザイン賞」〔注23〕の補助を得て建設した「いやしの庭」と病院周辺のペデとを結び、市民と病院の協働による「エリアマネジメント」〔注24〕の実践が検討されている。

D-TUGの活動成果やポテンシャルが生き残っていることを確認することができた。

3・2・7 「玉里しみじみの村」：都市・農村交流拠点づくりをめざすNPO
―自治体・市民一体型事業のプロデュース

概要

玉里村の第四次玉里村総合振興計画にもとづいて立案された「都市・農村交流拠点」づくりに際し、かたちだけの住民参加ではなく、公共施設の「使い手」である住民自らがそのデザインに参画するデザイニングを試みようとした。「うさぎまつり」というまったく新しいまつりを企画し、その実践をとおして、住民が必要であると実感できるような施設の総合計画・基本設計の策定を進めようとしたもので、試行をおこなうための参画型デザイニングとみなすことができる。市町村合併により、策定した計画は実行に移されていないが、まつりを推進した住民グループの結束力はNPO法人の設立というかたちで維持され、継続的にまつりがおこなわれている。なお、本プロジェクトは、三年間にわたり玉里村から受託研究費を得ておこなったプロジェクトである［注25］。

背景：地域が期待する交流人口の増加

玉里村（現・小美玉市）は、茨城県南に位置する面積一五・三三平方キロメートル、人口八千人強の小村で、農業を主産業とし近年は企業誘致により工業も発展してきた。村の南側の霞ヶ浦に面する「総合文化センター」周辺には豊かな里山の風景が広がり、古墳や貝塚などの歴史資産が点在している。しかし急速に進展する高齢化や産業構造の変化などによって、過疎化や活力の減退が憂慮される。地域活性化や再生のための事業推進が求められるが、開発のパワーに比して再生の経験やノウハウの蓄積はきわめて弱く、振興・再生のための新たな知力が求められた。

玉里村は、一九九九年に「第四次玉里村総合振興計画 ハートピアプラン」を策定し、五カ年にわたる基本計画＋三カ年にわたる実施計画からなる総合整備計画を立ち上げた。「総合文化センターゾーン」の整備計画については、住民側委員（公募）七名と行政側委員（村指定）六名、計一三名の委員によって構成される「ハートピア実施検討委員会」（「ハートピア委員会」と略す）に託されたが、委員会を支援するアドバイス機能として大学に支援要請がおこなわれた。まちづくりのスタイルには、行政主導型、事業所（企業・財団など）主導型、住民主導型、あるいは、それらの連携型などがあるが、委員会が担当する総合文化センターゾーン整備計画（「玉里村プロジェクト」と略す）の推進組織は、「住民・行政・大学によるコンビビアル（互いにイキイキと高めあう関係性）型のプラットフォーム」をまちづくりの核として機能させていこうとする行政発案・住民参画型のユニークなまちづくりプロジェクトといえる。

方針の立案：市民が参画する拠点づくりのプロジェクト

大学は、二〇〇二年七月に、茨城県企画部をとおして玉里村から支援要請を受けた。そこで現地調査を実施するとともに、まちづくり調査の研究資料を活かして、玉里村にフィットするアクション・プログラム（実行計画）の設計を試みた。

推進コンセプトの立案：漫然とまちづくりを推進するのではなく、計画的に推進していくために、まちづくりの成功事例から導かれた要因を参照しながらコンセプト構築をおこなうことにした。事前に村役場のスタッフに対して詳細なヒアリングをおこない、玉里村の現状についての正確な情報収集に努めた。その結果、以下のような玉里村プロジェクト推進のコンセプトを導き出した。

環境的要因の考察：当初、玉里村の住民からは、村の将来に対する切迫した危機意識は感じられなかった。二年後に予想されていた町村合併への危機感は行政レベルにはあるものの、一般住民の感心は希薄だった。小村である玉里村は、町村合併に際し独自の強みやアイデンティティ（個性や独自性）を強調していかなければ他市町に吸収されてしまう恐れがある。そこで、本プロジェクトを「地域アイデンティティ構築をめざす住民意識高揚の場」ととらえて運営していくこととした。玉里村固有の環境、歴史、文化的資産はきわめて豊かであり、その資産が集中する総合文化センター周辺地域の開発コンセプトについては、「固有資産の再価値化」という一点にしぼり、開発志向一辺倒ではなく再価値化志向も取り入れて取り組むことにした。

人的要因の考察：村の整備計画の推進にあたり、村民の意見もある程度は聞いておきたいという程度の行政側の意図で始められた委員会であったため、委員会そのものの起爆力は弱かった。そこで、まちづくりの必要性に対して強い意識を持ち機動力もある村役場のスタッフ職員を仮のイニシエータ（起爆者）と位置づけ、ハートピア委員をそのサポーターとみなすことにした。その上で、村内で意欲的な活動をおこなっている市民団体をプロモータとして取りこんでいけるようなプログラムを工夫することにした。

社会的要因の考察：協働力を育てる工夫として、委員会スタッフの意識を高めるとともに、委員各自がクチコミで友人・知人に参加を要請するしかけを工夫することにした。そのために、二〇〇二年度ハートピア委員会で「かくあるべき」という村の将来イメージを委員の協働のなかから導きだし、それを、多くの人が一目で理解し他者の参加を勧誘できるようなツールにまとめていくプログラムが求められると考えた。コンビビアルな交流の場づくりの必要性を委員に理解させやすくするために、自由な発想力が期待できる大学生たちに対しオブザーバーとして委員会に参加するように呼びかけた。

プログラム的要因：議事の承認を目的として一般的会議形式で運営されようとしていた委員会を、参画型のワークショップとして運営するように方向転換する働きかけをおこなった。ワークショップでは、ワークそのものが楽しいゲームとなるような運営方法を模索した。また集中しておこなうワークの成果を、常にリアルタイムに確認できるような運営を工夫した。個々人でおこなうワークとフリーディスカッションをミックスし、発想の効率性と相互学習の充実感を同時に味わえるようにした。三つの環境的調和（自然、社会、個人）を意識し、総合文化センターの整備そのものが住民の生活の質（QOL=Quality of living）を上げるための最重要課題であることを常に意識づけられるように運営していくこととした（図17）。

プロジェクトの経過

以上の推進コンセプトに沿って、四年半にわたり参与観察をおこなった玉里村の都市・農村交流拠点づくりの経過を次の四期に分類して述べる。

第一期：ハートピア委員会における基本構想策定期
第二期：住民参画による「うさぎまつり」実践期
第三期：交流拠点の総合計画策定期
第四期：NPOによる「しみじみの家」運営期

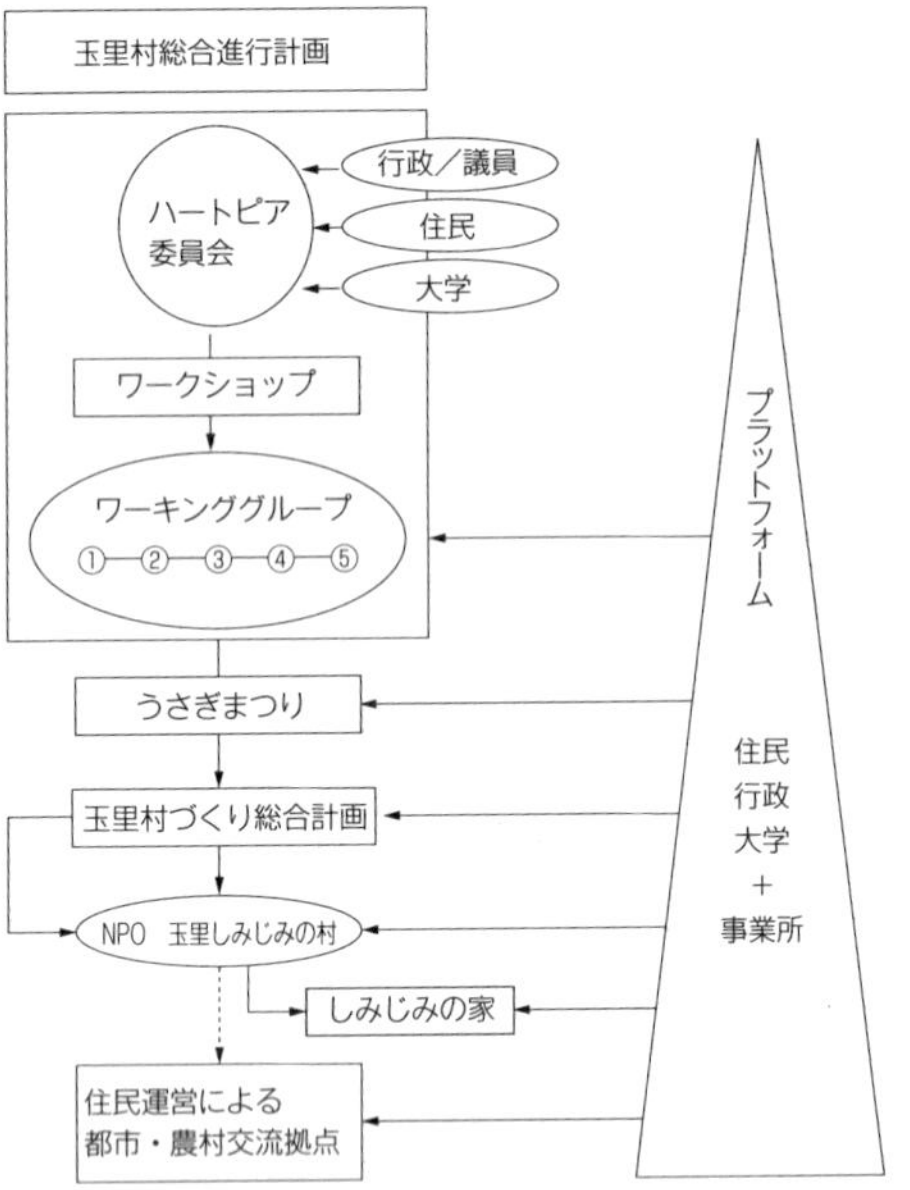

図17：都市・農村交流拠点づくりの推進体制の概念図

第一期：ハートピア委員会における基本構想策定期

まちづくりに関しての基礎知識が乏しい委員によってはじめられたハートピア委員会は、第一回の顔あわせと第二回の視察ののち、進めかたについて委員間の意見調整が進まず、頓挫したかたちになっていた。そのような状況で、県企画部地域計画課をとおして私あてに相談があり、以降その運営についてアドバイザーとして参加するようになった。第三回目の委員会では、さっそく講演会をおこない、全国のまちづくり成功事例等を紹介しながら推進コンセプトの考え方や参画型まちづくりの意味について解説し意識づけを図った。さらに参画型デザイニングの概念を体験的に理解してもらうためにワークショップをおこなった。長らくこの地域に暮らしてきた委員が潜在的に抱いている村の現在および将来のイメージを素直に描き出し、それを共有していくことを目的に、「コンカーレントワーク」手法を用いたワークショップを企画したものである。委員に加えて筑波大学生にも参加を求め、相互に刺激しあう発想の場とした。

次に四回のワークショップの進め方を紹介しよう。

第一回ワークショップ　(二〇〇二年十月二十日)

〈プログラム・1〉:「玉里村のカラーイメージは?」

[主旨]:住民が潜在的に感じている玉里村の雰囲気やイメージを、感覚的な色彩選択という方法で把握しようとする。

[方法]:DICカラーサンプル(色見本)から色彩サンプルを選択する。それを「カラーイメージスケール」上にマッピング(位置決め)することにより、玉里村のイメージを醸し出している諸要素を把握しようとする。

［結果］：玉里村のイメージカラーは、「ソフト・ウォーム系」「ソフト・ハード系」に分散した。茨城県水戸市でおこなった同様のワークショップでは「ハード・クール系」に集中する傾向が見られたが、玉里村ではそれとは異なり、明るく若々しいイメージも見られる。「カラーイメージスケール」から導き出された玉里村のイメージワードは、「ナチュラル」「カジュアル」「プリティ」「クール」である。

〈プログラム・2〉：「玉里村からイメージされる「バ・モノ・コト・ヒト」は？」

［主旨］：玉里村を特徴づけている「バ（風景など）」、「モノ（産物など）」、「コト（行事など）」、「ヒト（有名人など）」をイメージし、玉里村のイメージ資産を再発見しようとする（写真29）。

［方法］：プログラム・1で選択した色彩から連想される「バ」「モノ」「コト」「ヒト」のイメージをカードに描く。

［結果］：描き出された玉里村のイメージ資産の多くは、「地元古来の↔自然そのままの」および「地元古来の↔現代的な」という対比的な縦横二軸の空間に分散して位置づけられた（写真30）。とくに後者の「現代的」というイメージは、一見すると農村風景に囲まれた玉里村にはそぐわないもののように思われるが、これは「癒し」「健康」「環境」というような、現代社会に求められる三要素にかかわるものと判断した。

［方向性］：「古来の・自然の」という地域固有の資産をいかに現代的な価値に読み替え表現で

きるかが、まちづくりのポイントとなると思われた。

第二回ワークショップ（二〇〇二年十一月二十九日）

＜プログラム・3＞：「明日の玉里村をつくる「バ・モノ・コト・ヒト」は？」

［主旨］：明日の玉里村のイメージをつくる「バ」「モノ」「コト」「ヒト」をイメージし、明日の玉里村のイメージ資産を創造しようとする。

［方法］：プログラム・2で描かれた「バ」「モノ」「コト」「ヒト」のイメージを参照し、そこから明日の玉里村のイメージ資産となりえるものを描きだす。

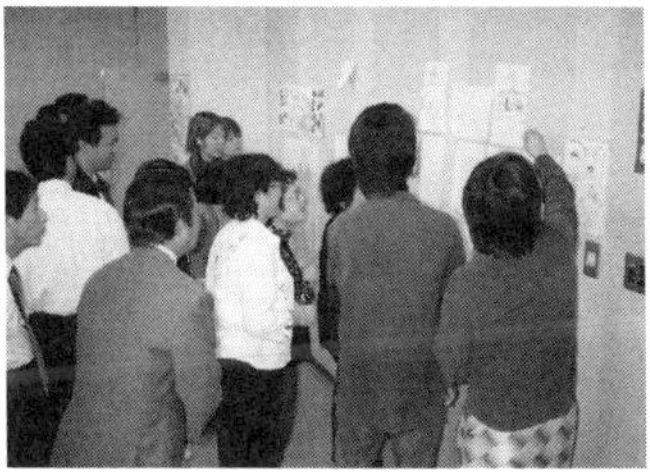

写真29：ワークショップの様子

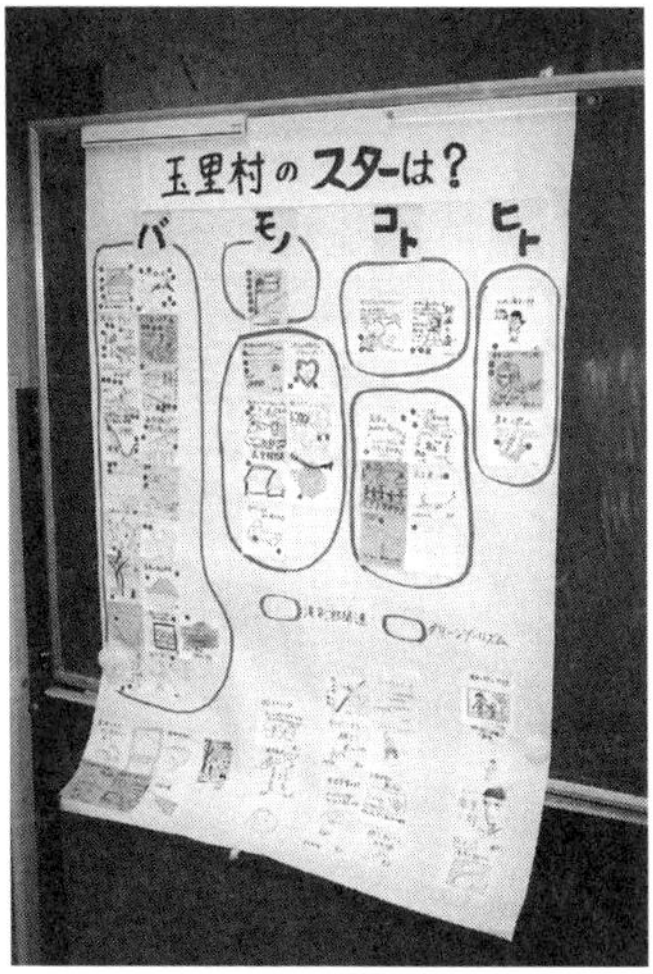

写真30：ワークショップで描き出された地域資産

［結果］：描き出された明日の玉里村のイメージ資産は、「文化・娯楽」、「新価値創造」、「交流」、「グリーンツーリズム・環境」、「スポーツ・健康」の五カテゴリーに分類された。描きだされた具体的な資産は次のとおりである。

「バ」：アーティスト村、特産品販売所、案内所、切り絵記念館、カフェ、レジャー施設、ミステリーゾーン、農業体験施設、風景活用施設、サイクリングコースとその施設、村民交流の場、外部との交流の場、名所、など。

「モノ」：特産品、標識、シンボルタワー、マップ、情報ツール、ショップのグッズ、など。

「コト」：湖関連イベント、特産品（ハスとレンコン）関連イベント、切り絵関連イベント、パフォーマンス、祭り、文化・教養の育成、科学学習をとおした協働、風景の価値化、産業振興、コンテスト、など。

「ヒト」：切り絵作家、さまざまな生業の達人、地元人、ガイド（案内人）、泳ぐ人、映画・演劇関連者、ネットワーク、など。

第三回ワークショップ（二〇〇三年一月二十九日）

＜プログラム・4＞：「玉里村の「スター」探し」

［主旨］：玉里村固有の個性があふれ、かつ社会に対して強い発信力を持った「スター資産」を

みつけだそうとする。明日の可能性をつくりだすには、スター資産が生み出す質の高いイメージが求められると考えたからである。

［方法］：プログラム・3で描き出された明日の玉里村のイメージ資産のなかから、「玉里村のシンボルとなるバ・モノ・コト・ヒト」「話題性やインパクトが強いもの」「一過的なものでなく物語づくり（成長性や広がり）ができるもの」「オリジナルでユニークなもの」などを基準に発想する。

それらをグルーピングし、交流拠点づくりのコンセプトに活かす。

［結果］：発想されたスターは、「文化・娯楽」、「新価値創造」、「交流」、「グリーンツーリズム・環境」、「スポーツ・健康」の五カテゴリーのそれぞれに分散した。

［方向性］：この結果から、上記の五カテゴリーを巧みに配置することにより、住民の潜在意識のなかにある明日の玉里村のイメージに合致した総合文化センターエリアの整備ができるものと判断した。

第四回ワークショップ（二〇〇三年二月二十日）

＜プログラム・5＞：「明日の玉里村をイメージアップするパンフレットづくり」

［主旨］：四回のプログラムで発想してきた「明日の玉里村のイメージ」を視覚化し、イメージ

アップに効果的なパンフレットとしてまとめあげる。
[方法]：委員、スタッフを四班に分けてパンフレット案を試作し、その中からベストの案を選びだし、さらにそれを全員でブラッシュ・アップ（練り上げ）する。
[結果]：全員のアイデアを取捨選択し、一つのパンフレット案にまとめた。

成果のまとめとパンフレットの制作

プログラム・5で委員がデザインしたパンフレットの素案を大学に持ち帰り、より洗練したデザインにまとめた。この「パンフレット・デザイン（案）」をハートピア委員会に提案した。委員会が構想したパンフレットの内容は「明日の玉里村のイメージ」に合致するものとして承認された（図18）。

[パンフレットのコンテンツ]

一ページ：
〈玉里村は〝ほっと〟村　時がゆっくり過ぎていく村〉（メインのキャッチコピー）
玉里村出身の画家である滝平二郎の切り絵に描かれたような〝ほっとな〟（懐かしい、ほっとする、温かみのある）玉里村の景観・生活スタイルが、現代の村生活の中に温存されている、と

図18：ワークショップの成果を盛り込み、可視化したパンフレット

いうイメージを表現する。

〈「うさぎまつり」においでよ！〉（サブのキャッチコピー）

際立った伝統の祭りがないことを逆にメリットととらえ、霞ヶ浦のイメージを取りこんだ新しい交流のプログラムである「うさぎまつり」を想定する。地域信仰がからむ村社会的な祭りではなく、四季の歳時記（たとえば月見）というような性格のまつりとする。

二・三ページ（見開き）：

〈しみじみの家〉

〝ほっとな〟玉里村の魅力を現代風に読みかえ、それぞれを「バ・モノ・コト・ヒト」に置きかえて具体的に表現するとともに、しみじみの家を構成する施設配置の考え方として「四つのゾーン」（しみじみひろば（センター・ゾーン）／しみじみ村（エコツーリズム・ゾーン）／美術館通り（文化、アミューズメント・ゾーン）／マリーナ（スポーツ、レジャーゾーン）を構想する。回遊性をもたせたそのエリアを「しみじみの家」と総称する。だれもが玉里村にアクセスしやすいように、「しみじみの家」に〝村の文化センター〟としての役割を持たせ、さらに「しみじみの家」の中心に「しみじみ広場」をもうける。

四ページ：

〈村民ガイド〉

村のガイドをおこなう村民ボランティア（村の学芸員）を公募・養成する。観光の目玉とするとともに、住民の生きがい創成事業としても位置づける。将来的に村の業務を受託するＮＰＯとして自立することを期待する。

＜しみじみの家づくり・三つのプログラム＞

ハードウェアとしての「四つのゾーン」に対し、明日の玉里村をつくるソフトウェアとして「三つのプログラム」（住民参加／玉里村の特産・新価値創造／地域資産のメンテナンス・再生）を構想する。住民ボランティアを核にしてプログラムを推進し、住民の顔が見える「交流の村」とする。

第二期：住民参画によるうさぎまつり実践期

ハートピア委員会としておこなった四回のワークショップにより、具体的な明日の玉里村づくりのための課題（四つのゾーンと三つのプログラム）がまとめられ共有化された。さらにディスカッションのなかで、その課題の実践をより多くの住民とともに進めていくことが確認され、二〇〇三年度の活動計画について以下のような計画が共有され実践された。

地域づくりワーキンググループの立ち上げ：パンフレットに盛りこんだコンテンツを住民主体で推進するしかけとして「地域づくりワーキンググループ」（「ワーキング」と略す）を立ち上

げ、四つのゾーンの基本計画づくりと三つのプログラムの企画・運営をおこなう。六月以降に公募をおこない、審査の上、村長が「むらづくりスタッフ」として任命する。五つのワーキングを立ち上げ、それぞれにアドバイザーを立て、ワークショップ形式で、実施計画につながるような課題の具体化を進める。

ハートピア委員会の位置づけ：ハートピア委員会については、各委員が新たに立ち上げるワーキングのメンバーとしても加わることから、委員会を五つのワーキングの共有プラットフォームとし、同時に活動の評価や方向づけをおこなう機能も担うこととする。

玉里村より大学宛に受託研究の申請があり受け入れた。「玉里村における住民参加型のまちづくりプログラムに関する研究」というテーマである。筑波大学教員（芸術学系、体育科学系）三名（渡和由、松村和則、坂本昭裕）をアドバイザーとして任命した。

二〇〇三年に「ワーキンググループ立ち上げ会」をおこない、応募により任命された五三人のうち三九人が参加した。村長より全メンバーに任命書が交付された（写真31）。引き続き「ハートピア委員会活動報告」、「ミニ講演会（四人のアドバイザーによる）」、「ツールド村めぐり（史跡巡り）」、「手打ちそば試食会」などを開催した（写真32）。その後、五グループに分かれて第一回の打ち合わせをおこなった。各グループの役割は次の通りである。

・第一グループ：センターゾーン計画グループ

・第二グループ：文化・アミューズメントゾーン計画グループ
・第三グループ：グリーンツーリズムゾーン計画グループ
・第四グループ：スポーツ・レジャーゾーン計画グループ
・第五グループ：うさぎまつり計画グループ（三つのプログラムを束ねて検討）

二〇〇三年八月には、「切り絵作家展参加ツアー」や「南会津と喜多方をめぐるグリーンツーリズム見学」がおこなわれた。

二〇〇三年八月以降二〇〇四年一月までの五カ月間にわたり、グループごとに玉里村づくりに必要と思われる実践課題に関する検討をおこなった。たとえば、「水際の村」のイメージづくり、

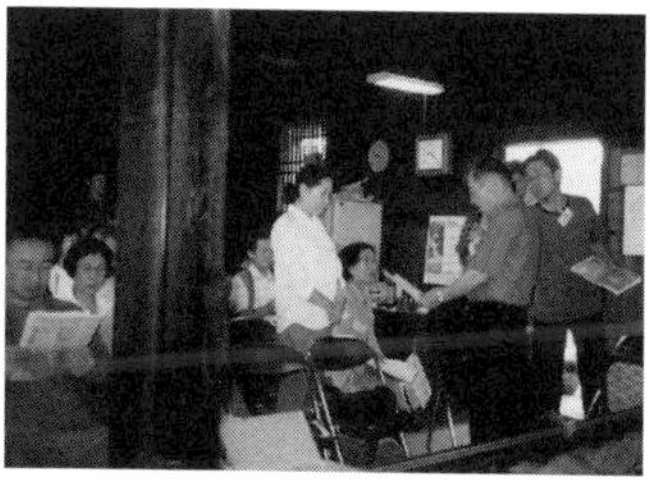
写真31：ワーキンググループの任命書交付式。村長から手渡された

写真32：ワーキンググループのメンバーによるツールド村めぐり

玉里村へのアクセスを考えるワークショップ、ホームページに掲載する特産品を考えるワークショップ、コミュニティバスの運用実験、ミニうさぎまつりの試行（民家園のかまどで炊飯、たまり太鼓の演奏）などである。

二〇〇四年一月九日には、「玉里村づくり活動・中間報告会」が開かれ、立ち上げ以降の活動に対して総括がなされた。第一と第五グループは五回、第二と第三グループは三回、第四グループは四回の活動をおこなった。

二〇〇四年度の研究は、うさぎまつりの実践による住民の思いやニーズの掘り起こしと、その具現化としての総合計画の策定である。二〇〇四年四月以降は、「うさぎまつり企画書」に基づき、祭りに向けて具体的活動内容の検討をおこなった。

二〇〇四年六月の「座長・副座長合同会議」では、うさぎまつりの実施内容、タイムスケジュール、予算等について調整をおこなった。また各グループの実施内容を次のように確認した。

・第一グループ：将来的な情報窓口、アクセス整備のための実践企画（オープンカフェ併設の交流情報センター／グリーンウェイサイクリング／情報媒体（パンフレット、地図等）の制作）

・第二グループ：独自の景観と資源を有効活用した交流アートスペース整備のための実践企画

（創造交流ビニールハウス／トーロー／野外ステージ）

・第三グループ：村の食の見直し／農地の保全や活性化／交流をめざす実践企画／農産物直売所／コミュニティレストラン／食の学習会

・第四グループ：湖の保全と活用／水に親しみ環境教育につなげる実践企画／足こぎボート／ザリガニ釣り／帆引き船／川魚料理

・第五グループ：地域資源を活用した新たな祭の実践企画（キャラクターデザイン／ポスター・チラシ制作／かまど炊飯による料理の提供／竹の器づくり／トーローづくり）

二〇〇四年八月七日に、「うさぎまつり」が開催された。午前九時から午後八時まで、丸一日を使った大規模な祭りとなった。五会場（権現山古墳前、民家園、文化センター、しみじみの家、湖）を結び、「あじわい　ふれあい　〝しみじみ〟　玉里の風景」というキャッチフレーズのもと、「手づくりトーローまつり」、「音楽会（ピアノ、男声合唱、太鼓）」、「湖での足こぎボート」、「グリーンツーリズムを想定した田舎食堂、特産物直売所」など、多様な試みが実践された（写真33）。不運にも夕刻に雷雨に見舞われ、切り絵トーローの展示は不完全な状態で終わったため、九月三日にリベンジのまつりである「うさぎまつり（第二弾）」がしみじみの家で開催され、切り絵トーローの展示とフォークコンサートがおこなわれた（写真34）。

二〇〇四年八月には、うさぎまつりの反省会を五グループのメンバーを中心におこなった。実

写真33：うさぎまつり

写真34：うさぎまつり（第2弾）

算は補助金額を超えない百万円以下で納まったこと、参加者数は急な雷雨の影響により正確にカウントできていないが、五百人以上の来場者があったことなどが報告された。また企画のあり方、協働体制、施設の問題点など、実践から得られた多くの課題が明らかにされた。十一月には、玉里村づくりワーキンググループ会議が開かれ、うさぎまつりの実践発表が、五グループごとにおこなわれた。

第三期：交流拠点の総合計画策定期

二〇〇四年度に締結した一般受託研究契約に基づき、うさぎまつりの体験を活かした交流拠点整備計画の策定をおこなった。蓮見研究室と渡研究室が中心となり、タタキ台となる素案（エスキース）作成をおこない、ワーキンググループメンバーに提案し、メンバーからの率直な要望を反映しながら計画を煮詰めていくことにした。仮説的に提案した計画コンテンツは、次の八項目である。

・古墳前広場：歴史資産のシンボル性と眺望を活かし、多目的に使える脱施設型のスペースとして整備する
・入浴施設：東屋風の風呂を点在させ、風呂巡りを楽しめるようにする
・美術館：マインズオン型の体験型ワークショップがおこなえるような、切り絵をテーマとす

る美術館を新設する

・しみじみの家：グリーンツーリズムの実践拠点とし、ロッジの整備・拡充とイベント支援のレストランを設置する

・しみじみ広場：駅を中心に住民が運営するインフォーメーションセンターを整備する

・食の工房：さまざまな食のイベントに活用されている民家園を支援する厨房として整備する

・マリーナ：湖の護岸を整備し、公園型のマリーナをつくる

・サイクリングロード：地域資産である「六井六畑八舘八艘《ろくい・ろくはた・はちだて・はっそう》」〔注26〕を結ぶ道と休憩拠点を整備する

これらの案に対し、二〇〇五年一月から二月にかけて、ワーキンググループメンバー、ハートピア委員、村スタッフの参加により玉里村づくり総合計画検討会が二回開催され、総合計画案の骨子を練りあげた。この検討に際しては五つのグループの枠をはずし、全員で検討した。

二〇〇四年度末には、「玉里しみじみの村づくり総合計画」がまとまり、村に提出された（図19）。その計画は五つのプログラムからなり、概要は次の通りである。

・マリーナ：水辺の活用と整備

・しみじみ広場：文化交流拠点の整備

・美術館通り：文化活用・活動拠点の新設

・しみじみロッジ：既存施設の活用・整備
・ミニしみじみ広場：駅等の活用・整備
二〇〇五年度の研究内容は、二〇〇四年度にまとめた総合計画の精度向上と基本計画の策定である。

玉里村では、引き続きワーキングによる活動が活発におこなわれた。うさぎまつり実行委員会とハートピア委員会が適宜開催され、二〇〇五年十月二十二日には、第二回うさぎまつりが開催された。予算は五分の一に削減されたものの、二七団体の参加によりにぎやかに開催された。

平行して、玉里村づくり総合計画への詳細な検討がおこなわれ、二〇〇六年三月五日には、ハートピア委員会と玉里村づくりワーキングの合同会議が開かれ、「玉里村づくり総合計画（最終案）」と「玉里村づくりワーキンググループ活動報告書」が承認された。

第四期：NPOによる「しみじみの家」運営期

玉里村は、二〇〇六年三月二十七日に町村合併して小美玉市となり、玉里しみじみの村づくり総合計画は、新たな市の施策として引き継がれることになった。しかし、合併の混乱のなかで、推進主体があいまいになり、頓挫するかたちで今日にいたっている。

このような状況下、行政スタッフをふくむワーキングメンバーのなかから、ワーキングをNP

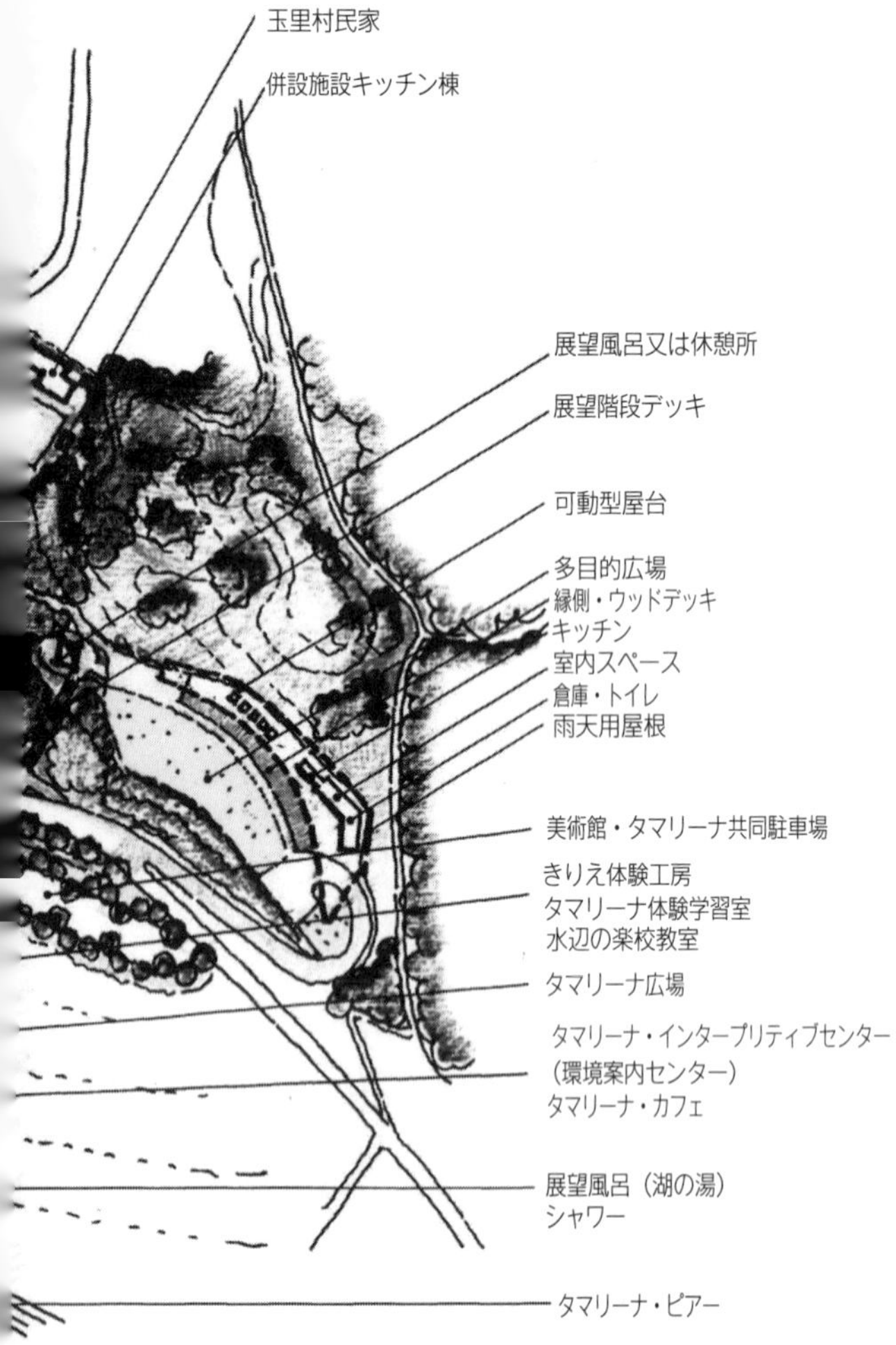
玉里村民家
併設施設キッチン棟
展望風呂又は休憩所
展望階段デッキ
可動型屋台
多目的広場
縁側・ウッドデッキ
キッチン
室内スペース
倉庫・トイレ
雨天用屋根
美術館・タマリーナ共同駐車場
きりえ体験工房
タマリーナ体験学習室
水辺の楽校教室
タマリーナ広場
タマリーナ・インタープリティブセンター
（環境案内センター）
タマリーナ・カフェ
展望風呂（湖の湯）
シャワー
タマリーナ・ピアー

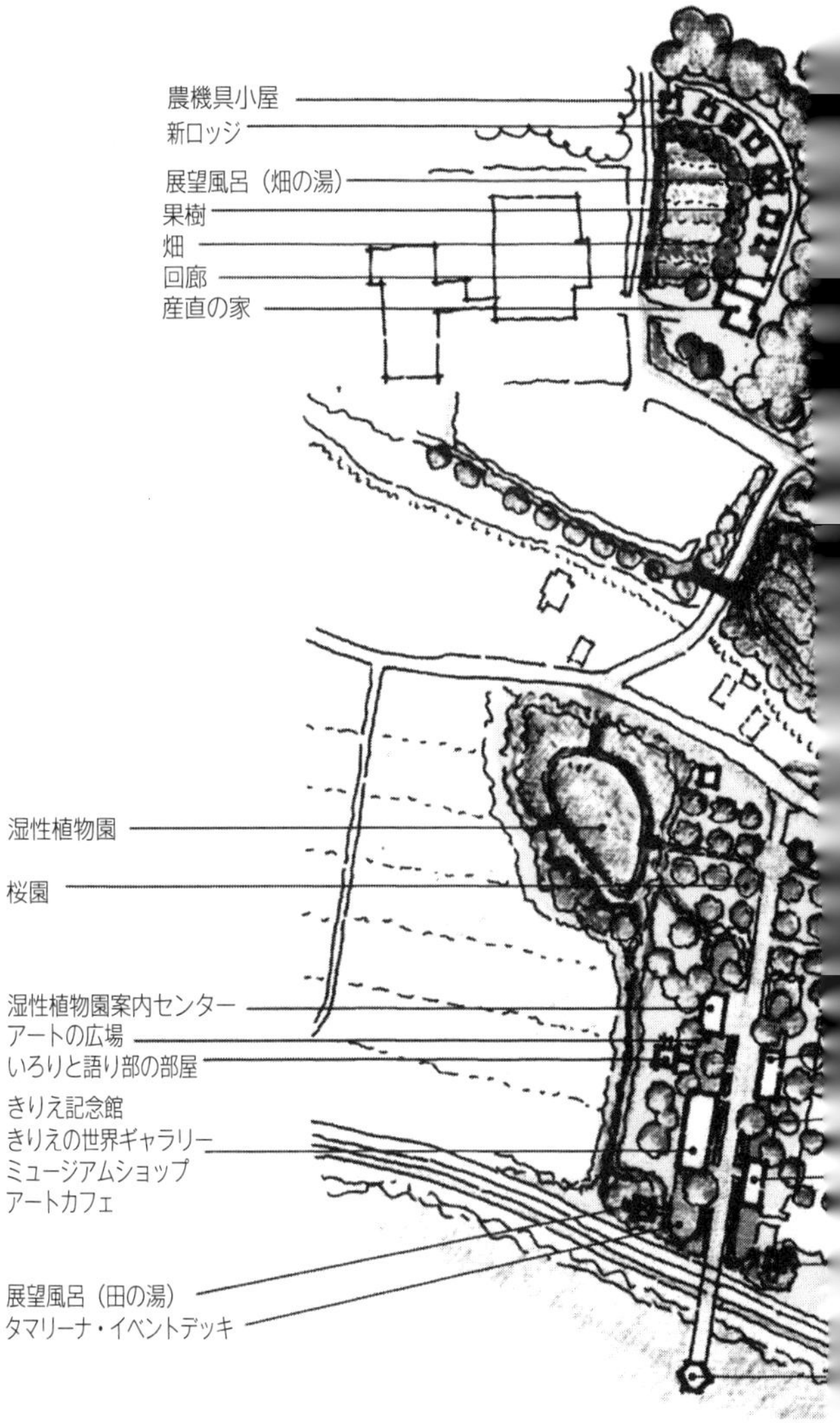
農機具小屋
新ロッジ
展望風呂（畑の湯）
果樹
畑
回廊
産直の家
湿性植物園
桜園
湿性植物園案内センター
アートの広場
いろりと語り部の部屋
きりえ記念館
きりえの世界ギャラリー
ミュージアムショップ
アートカフェ
展望風呂（田の湯）
タマリーナ・イベントデッキ

O法人化し、「玉里しみじみの村」という組織名称により、ある事業体から市に譲渡されたロッジである「しみじみの家」の指定管理者をめざそうとする動きがみられるようになった。二〇〇六年七月に「玉里しみじみの村」設立総会が開かれ、同年十二月と翌年四月に、しみじみの家において小規模なうさぎまつりが開かれた。二〇〇七年一月には登記が完了し、NPO法人「玉里しみじみの村」が会員二三名の参加により誕生した。ワーキング発足時の五三名が半減して残留したことになるが、結束の堅いメンバーにより、以降月二回の定例会活動がおこなわれている。

成果と課題

玉里村プロジェクトでは、全国まちづくりの成功事例調査から導かれた活性化要因を参照しながら、玉里村の地域特性にあった参画型まちづくりプログラムの概念を設計した。さらに、コンカーレントワーク手法を取り入れることにより、村民から公募されたワーキング・メンバーの感性のなかに潜在する「明日の玉里村」のイメージを顕在的なかたちに描き出し、それを大学が有するデザインスキルを生かして「魅力的なパンフレット」という情報ツールに置き換え、多くの人びとがこれからの村づくりのイメージを共有できるようにした。また、当初方向性を見失いがちだった委員会を短期間に活性化し、約半年で、調和のとれた地域開発をめざそうとする基本的考え方やプラットフォームを、委員および村長をはじめとする村の幹部とともに共有することができた。二〇〇三年度の活動計画を委員とともに作成し、ワーキンググループという、より実践的な参画型活動が構築された。

うさぎまつりをはじめとして、しみじみの家づくり活動に対するマスコミの関心は弱く、その理由としては、わかりにくさや広報力の弱さがあげられる。そのため新たなメンバーの参画が期待できず、結果として一部のメンバーに負荷がかかっている。活動の先細りが心配されることから、引き続き大学の支援が必要と思われる。また市町村合併により、行政とのパイプが以前より曖昧になり、位置づけが不安定になっている。

総合的評価

スケールの大きい村行政の目玉事業を担うプロジェクトとして期待されたが、市町村合併や財政上の事情により、住民とともに練りあげ村議会でも承認された事業計画は棚上げされた状態になっている。しかし、四年半におよぶ住民を主体とした参画型デザイニング活動をとおして、行政の主要ポストを担いつつ一住民として熱心に村づくりを進めてきた小松氏や、堅実なまとめ役である斉藤弘行氏を中心に信頼感に結ばれた住民グループが形成された。活動拠点となる施設(「しみじみの家」を流用)もでき、NPO化も実現し、市から施設の指定管理者を担ってほしいと打診されている。今後、産学官民が一体となっておこなうソシオデザインの実践的モデル事業として成長していくことが期待できる。

このプロジェクトは住民を主体とするゼロスタートの参画型デザイニングとしては、スケールが大きすぎた感が否めない。規模が縮小された現在の状況は、むしろきめ細かい堅実な活動を住民主体で育ててゆくには好ましい。さまざまな外圧を避けながら少しずつ実績をあげていけるように、これからも参与観察を続けていくつもりである。

3・3 プロジェクトを通しての総合的評価

私が一九九五年から取り組んできた地域振興プロジェクトのうち、参画型デザイニングによって運営された主要な七プロジェクトについて、総合的に評価してみたい。

社会的役割について：それぞれのプロジェクトとそのメンバーたちが、社会的な役割を自覚しながら多様な活動を継続的に実践している。理念が高いために、短期的に顕著な成果は得られなかったものもあるが、持続的な活動により、地道に小さな成果が積みあげられてゆくことが期待できる。

プラットフォームについて：どのプロジェクトでもフラット（対等）でコンビビアル（お互いにイキイキと高めあう関係）なプラットフォームが自然に形成され機能していることが観察でき

た。このようなプラットフォームに多くの人や組織が集い、活動が広がっていくことが望まれるが、現実としてはその逆で、プラットフォームは活動の高まりとともに縮小し、強い同志意識を共有する限られたメンバーによる、小規模ながら堅実で持続力の高い活動が実践されるかたちに収斂していくことが観察できた。

活用資産について：潜在する資産を有効活用したプロジェクトが高い成果を上げる傾向がみられた。

演劇性について：リゾーム（地縁力）とノマド（人的ネットワーク）の連携が演劇性を高めることが観察できた。この両者は、演者と観客を演じあっているようにも思われた。

生業性について：リゾームの形成が弱い「花のまちづくり」を除く六プロジェクトに生業性が顕著にみられ、プロジェクトの継続に役だっているように思われた。

プロジェクトの成果としては、既存の経済主導型のプロジェクトでは実現しえないと思われる新たな価値が創出された。それは、地域における強固な人的ネットワークの形成、地域固有の個性を形成しうる資産活用への自覚、そして地域の尊厳の復興である。それらが、少子高齢化が進む地域において新たな活力の源となり、地域力の強化に有効に働くものと思われる。また参画型デザイニングの概念を取り入れたプロジェクトの運営により、小規模ながら自立的かつ自律的で持続力を有した活動を実践しえる組織体を、無理なく生みだすことができることが実証できた。

このようにしっかりと地域に根ざした組織体が増加し連携・協働しあうことにより、経済力に頼らない地域活性化の取り組みが広がっていく可能性が見いだせたと考える。

3・4　参画型デザイニングの運営ポイント

新たに参画型デザイニングを取り入れようとする場合を想定し、どのような手順で参画型デザイニングを進めてゆけばよいかについて解説しておこう。七プロジェクトの参与観察から経験的に得られた運営ポイントをプロセスに沿って示す。

テーマの発見

参画型デザイニングはつくりだすものではなく、〝すでに存在しているもの〟の発見からはじめるべきである。自然のなかに無数の生命が満ちあふれているのと同じように、〝参画型デザイニングの芽〟となる地域資産は、日常生活や日常社会のなかに無数に存在している。そのような参画型デザイニングの芽を発見し、プログラム化していくために必要不可欠なものは、「起爆役」である。〝まちづくりは「キ」のつく人から始まる〟といわれるゆえんである。起爆役の働きによって、潜んでいた価値や力能が引きだされ、急激に自己増殖を始めることによって、参画型デザイニングのプログラムが回りだす。地域に潜在する地域資産を発見し、それをテーマとして資産を顕在価値化する作業は、地域に住みそれに慣れ親しんでいる地元民にとってはかえって難しい仕事であり、むしろ外部の人（ノマド）によって発見され、それを地域の人があらためて再認識する場合が多い。したがって、観光メニューなどを工夫し客観的に地域資産の価値を評価できるようなノマド役の外部者を招き、地域の人とともに〝地域のお宝発見ワークショップ〟のようなイベントをおこなうことが効果的である。このような気兼のないワークショップイベントをとおして、多くのメンバーを募ることもできる。

プラットフォームの形成

参画型デザイニングをスムーズに立ち上げていくためには、メンバー同士がコンビビアルな人間関係を早期に構築していけるような工夫が必要である。お茶を飲みながら歓談しているだけではコンビビアルな場はつくりえない。イベントの企画など生業性を持ったワークを協働しておこなう実践的プログラムを早期に立ち上げることにより、活動をとおしてうち解けた関係性が生まれ本質的なコンビビアリティを醸成することができる。

その第一歩として「コントラスティブ発想法」や「コンカーレントワーク手法」などを活用したワークショップの実施が有効である。プラットフォームの存在が強く認識され共有されるようになることにより、プラットフォームを支え仕切るコア・メンバーの存在も自然と浮きあがってくる。当初から明確にルールを決めたり、きっちりと組織化をしたりするのは、参画の活力を生み出す上で大きなリスクを伴うので避けるべきである。

モチベーションプログラムの実践

参画型デザイニングでは、議論や企画づくりに過度な時間を費やすことは避けたほうがよい。ある程度のリスクは覚悟の上で早目に実践的プログラムに取り組んでみるとよい。たとえば新潟県十日町市のTMO［注27］関連事業では、雪の季節を前にした十月一日にお年寄りを主対象とした街頭映画会を企画し、「雪国」（一九五七年、東映）という懐かしい日本映画の上映を試みることにした。「屋外では雨天時の対応が難しい」、「寒い屋外では高齢者は辛いのではないか」、「雪の季節の直前に雪の映画は好まれないはず」などの消極的意見も多く出されたが、推進に積極的な一部の人びとにより実行された。上演直前に折悪しく強い雨が降りだし大騒ぎとなったが、そのようなパニック状態のなかで、急きょテントを張るなどの迅速な連携行動がおこなわれ、結果として、多くの人の参加を得て成功裏に終わらせることができた。このような即興演劇的要素を強く持ったワークショップの実践により同志的な意識が生まれ、あうんの呼吸でプロジェクトを推進する基盤が整いはじめる。参画型デザイニングは命令や賃金、あるいは名声のために働く社会的労働とはまったく異なる特質を持っているといえるのである。

地域振興プロジェクトの実践

いくつかのモチベーションプログラムを繰り返しながら、本来の課題である高次元な「振興プログラム」への取り組みを進めよう。たとえば玉里村では「うさぎまつり」というモチベーションプログラムの実践をとおして、気心の知れたグループが形成され、ＮＰＯの結成と公共施設の指定管理者指名をめざす準備活動が進められている。このような活動から、総合計画で示された住民の企画・運営による公共の交流施設である「玉里しみじみの村」づくりが実現していく可能性が生まれた。

下市商店街では、八年以上におよぶさまざまなモチベーションプログラムの実践をとおして形成されたコンビビアルなパートナーシップにより、「絵本の交流館」が二〇〇五年十一月に開館した。長期にわたる活動経験が生き、具体的な指示がなくても各自が協働しあい、空き店舗の改装、蔵書の収集と整理、管理・運営などを黙々とこなす様子は見事だった。連携・協働という活動は、口でいうのはたやすいが長い期間にわたるさまざまな活動の蓄積が必要なのである。

地域ネットワークの形成

テーマ発見からプロジェクトの実践に至る過程は、いわば「モノづくり」のプロセスであり、メンバーは夢中になって実現に向けた協働作業に没頭するものである。参画型デザイニングの課題は、初期段階でのモノづくり完了以降の活動の継続と成育であるといえる。生み出されたアウトプットに対して、期待したほどの成果が現れない場合は活動は急速にしぼみがちとなる。そのような場合に有効な方法の一つは地域ネットワークとの協奏であろう。たとえば下市商店街の「絵本の交流館」では、開館直後の入館者が少なく当番要員の確保にも困難が生じるようになったことがある。そのとき、二つのＮＰＯとの連携が功を奏し、絵本の図書館を共同活用することで新たな利用者を獲得し意識の低下を防ぐことができた。

継続的成育に向けた取り組み

参画型デザイニングは、それ自体が継続性を特質とする活動であるが、できるだけ発展性のあるプログラムとしていきたい。そのためには活発な活動を次々と立ち上げ、新たな会員の参画を得ながら、新陳代謝のよい活動体に育てていく必要がある。しかし実際には、形成されてしまったプラットフォームに新たな有力メンバーを取り込んでいくことは容易ではない。限定された小さな活動体同士のネットワーク化を進めるなど、継続的成育の方法論の確立は参画型デザイニングのこれからの重要課題といえる。

4

参画型デザイニングの効果

参画型デザイニングの考え方を構築し実践的に取り組んできた七つのプロジェクトを振り返りながら、参画型デザイニングの効果について論じていきたい。

4・1　参画型デザイニングの特質

参画型デザイニングには、産業技術や市場経済に主導されている現代社会において特徴的にみられる諸特性とは大きく異なる三つの顕著な特質があることがわかってきた。その特質を、今日の一般的な社会の特質と比較しながら示してみよう。

内発性：参画型デザイニングは、「内発的」である。参画者は自らの意志に基づいて行動を起こし、優良事例を真似るなどの月並みな発想を排して、個性豊かなモノやコトをつくりあげようとする。それは、つくり手たちが、競争的なビジネスを基盤として、一見多様には見えるものの実際は均質的なモノ、コト、サービスを大量に羅列展示し、わずかな差異のなかから使い手に選択的消費をうながすだけの受動的・選択的な今日の社会構造とは正反対の位置にあるものといえる。内発的であるがゆえに、参画型デザイニングは「この指止まれ!」型のオープンプラットフォームを特質とし、参画や離脱は個人の自由にまかされている。自然なかたちで、気のあう仲間との協働環境が形成されていくのである。

プラチック性:参画型デザイニングは、「プラチック(プロセス志向)的」である。参画者は、それぞれが体験をとおして得た行動規範を生かし協力しあってモノ・コトを成立させていく。それはビジネスや受験勉強などにみられるような明確な目的意識を前提としてはいない。綿密な企画や計画、予算などに基づいておこなわれるプラクシス(成果志向)な行動規範とは対照的な特質を持っている。

自発的・創造的な参画型デザイニングにおいて重要なものは、活動の経過、すなわち「プロセス」である。ビジネスにおけるプロのスタッフによる戦略的・計画的開発のプロセスでは、効率性や成果(アウトプット)が重視されるのに対して、アマチュアリズムを基本とする参画型デザイニングでは、企画立案の前に、試行錯誤によるプログラムが展開される。そして活動の成果は目的と位置づけられるのではなく、一連の活動が生みだす果実として共有される。参画型デザイニングでもっとも大切なものは、プロセスそのものであり、プロセスから生み出される物語や「思い出」が成果物として共有されるのである。ほんのささやかな出来事も多くのメンバーによって強く記憶され、さまざまな場面で思い出話として繰り返し語られることになる。失敗や危機的状況すらも、後々まで懐かしく語られる宝物と位置づけられたりするのである。

プロセスが重視される参画型デザイニングは、演劇と類似している。業務命令とノルマによって整然と進められていくビジネスとは異なり、多様な人びとや状況、情報によって構成されるドラマのような特性を強く持っており、それは人生そのものにも似ているようにみえる。参画型デザイニングが展開される場（たとえば「まち」）は、演劇が展開される舞台、あるいはプラットフォームととらえることができる。

参画型デザイニングのプログラムは、ワークショップという手法により運営されることが多いが、ワークショップは演劇アートセラピー（芸術療法）から発展した手法であり、結果的にそれらは相互に類似している。演者たちは勝手気ままに行動をはじめるが、やがて作為なく自然にある方向へと物語が誘導・展開されていき、いつの間にか調和が醸成されて、演者たちは近似した価値観を共有しながら〝同じ物語〟を演じあうようになるのである。

成長性：参画型デザイニングは「成長的」である。植物が芽を吹くように小さくはじまり、徐々に成長し木々のように枝葉を広げていく。それは、〝完成〟といえるような明確な終焉を持たず、比較的長期にわたり活動が持続されていく。今日の産業技術社会においてつくり手によって実践されるモノ・コトづくりが、開発期間や工期の短縮や効率性をめざすのとは対照的な特質である。

4・2 参画型デザイニングの効果

実践してきたプロジェクトをとおして、共通に観察された参画型デザイニングのもっとも特徴的な効果は、交流活動から生まれる「コンビビアル性」であると思われる。心から楽しみあえるコンビビアルな活動をとおして、いくつかの社会的効果が生み出されていることが観察できた。

生業性の生成：地域振興においてもっとも重視されるものは、生活基盤を整えるための雇用創出や生業の再生であるが、七プロジェクトをとおして生業そのものの再生が図れたのは「酒蔵再生」の一事例のみであった。参画型デザイニングが生み出しえる価値は、生業そのものというよりは、むしろ「生業性」と呼べるものではないかと思われる。生業性とは、高収入や昇進というような労働対価を目的とするものではなく、高い意識を持って社会的活動を担っていこうとする新たな労働意欲から生み出されるものである。

プロジェクトの経過をとおして、一般生活者に潜在するさまざまな力能が発掘できた。人は、生まれながらに備わった個性や長い人生をとおして培われた多様な特技や固有の価値観を持っており、それらを活かしあえる適切なプラットフォームが形成されれば、そこで発揮される力能の総体は大きな地域資産となりえるはずである。とくに、そのような生涯学習的性格を有する活動は、少子高齢化が進む地域を支え魅力化するための大きな力となる可能性を秘めている。

生業性を地域振興や地域再生に活かしていくためには、生業性という概念に注目し、労働の概念を再定義し共有化しておかなければならない。いうまでもなく、高齢や障がいによって失われてゆく顕著なものは労働である。社会と個人とをつなぐ労働が生活の律動や調和に果たす役割は大きいと思われるが、現代社会ではその有効性についての検討が充分になされていない。高齢者や障がいのある人も含めて、それぞれの特質にあった労働機会を多様に創出し、多くの人びとが労働をとおして可能な限り社会活動を継続できるようにすべきである。参画型デザイニングは、そのような特質をもつ生業性の創出に大きな役割を果たすものと期待される。産業社会から消費社会への進展にともなって、労働の本質が、生産を目的とする労働から、たとえばサービス業など消費をうながすための労働へと変質してきた。情報社会から文化を基軸とする社会へとさらに変質を進める現代社会においては、「生きがいを創出する労働」という新たな労働の概念構築が求められる。それはまた個々には小さいものでありながらも、意欲的な経済活動を伴う活動体に育っていく可能性が考えられるのである。

生きがいの生成：現代社会では、あらゆる活動の成果を経済波及効果という一元的な尺度で計ろうとしがちだが、プロジェクトの実践をとおして、参画型デザイニングには生活の質を高める効果があることが観察できた。

生活の質を高めるためには、単に「心身の健康」だけでなく、「多くの気のあった仲間」や「趣味や好奇心の対象となるものの存在」が必要である。しかしそれらはあくまでも個人的な問題とされ、社会的な視点からの検討や配慮についてはないがしろにされてきた面がある。参画型デザイニングは、仲間づくりや興味の対象を見つけるきっかけとなりえる。まちづくりのような参画型デザイニングを生涯学習プログラムと読み替えれば、大きな投資をすることなく社会の活性化と個人の生きがいづくりを同時に高められる可能性がある。

コミュニティ力の育成：内発性を基盤とし、プロセスを重視しながら成長的に活動を広げるなかから、参画型デザイニングのプロと呼べるような人材が育成されていく。それらの人には、高い自律性や、バランス感覚、柔軟性が見られる。日本では、大和朝廷以降、現在にいたるまで、歴史的に自治意識を育成するしくみづくりが積極的におこなわれてこなかったといわれる。さらに現代社会では、便利で魅力的な商品やサービスの提供によって人びとの自律性は麻痺させられている。そのようななかで自立意識や自律的行動力の高い「市民」と呼べる人たちが生み出されることは、これからの地域づくりにとって大きな力となるに違いない。

4・3　QOL効果について

参画型デザイニングは、どのように「生きがいの生成」に効果を果たしているのだろうか。「QOL（生活の質）」に注目し考察してみよう。

4・3・1　QOLの概念

QOLは、一九四八年にWHO（World Health Organization＝世界保健機関）が制定したWHO憲章前文に示された「健康（Well being）」という概念にもとづいて、一九七〇年代以降アメリカとスウェーデンから世界に広まった概念である。健康を「身体的、精神的及び社会的に完全に良好な状態」と定義するWell beingに対し、QOLには、健康という概念を総合的に「生きること、生き尽くすこと」ととらえ、それを社会づくりの実践に生かそうとする意図が感じられる［注1］。

QOLが追求しようとする「幸福感」、すなわち「かくあるべきとする理想的な状況」は、個人の心的環境や社会環境、そして自然環境のすべてを包含する複合的、環境的な概念である。「わたし」という個人の観点でQOLをとらえると、そこには「個人の内面に存在するQOL

要素」と「個人をとりまく外的環境に存在するＱＯＬ要素」という二つのＱＯＬ要素が考えられる。個人の内面に存在するＱＯＬ要素とは、個人の意識や心理、主観にかかわるＱＯＬであり、充実感、満足感、生きがい、というようなことばで表すことができる。個人をとりまく外的環境に存在するＱＯＬ要素とは、個人の外側に存在する社会や自然環境の質にかかわるＱＯＬであり、それらは、安心感、暮らしやすさ、裕福さ、社会的評価というようなことばで表されるものである。このような内面と外面の環境は相互に密接にかかわりあいながら、個々人の意識内に幸福感や満足感というようなイメージをつくりだしている。

4・3・2　QOL尺度の設計

参画型デザイニングの社会的効用を評価するために、生活の質のレベルを示す「ＱＯＬ」に着目し、「ＱＯＬ評価尺度」に関する基礎研究をおこなった。医療や社会福祉の分野において疾病治療の効果測定や保険制度の認定基準として用いられるＱＯＬの尺度は、心身の健康状態を、①「生命維持」、②「ＡＤＬ」(Activities of Daily Living＝日常生活動作)、③「ＩＡＤＬ」(Instrumental Activities of Daily Living＝日常生活における動作の手段)、④ＱＯＬ、の四段階によって得点化しようとするものである。その基準においてＱＯＬは、「完全に自立できた状態」と位置づけられ、治療や福祉の目標となるもっとも高次元の健康状態とされている。本書では、このような心身の健康状態を評価・測定するＱＯＬ尺度を、「フィジカル・アクティビティ」（Physical Activities＝身体的能力）と呼び、それを「狭義のＱＯＬ」と称することにする。しかし、すでに述べたように、生活の質や豊かさは、心身の健康状態だけで計りえるものではない。心身の健康状態が低レベルでも、「いきがい」や「働きがい」、「使命感」というような主観的、社会的要素が強く作用する場合には、ＱＯＬのレベルが高くなることが予想されるからである。そこで、ＷＨＯが健康の定義に用いている「社会的健康度」という側面に注目しながら、参画型デザイニングの社会的効用を計りえる新たな尺度の開発を試みるために、「願い事プロジェクト」という調査研究をおこなった［注2］。

願い事プロジェクト

ＱＯＬがもっとも高い状態とはどういう状態だろうか。幸福感に満たされている状態の人を対象に、「よりよい未来を導くための「願い事」は何か」という質問をおこない、その結果をまとめてみた。あえて幸せな人に願い事を聞く理由であるが、たとえば健康に不安のある人に願い事を聞くと、おそらく「病気を治したい」というような生命維持にかかわる本質的だが低次元ともいえる願い事しか示されず、レベルの高いＱＯＬの成立要件を導き出すことは難しいと判断したためである。

調査は、二〇〇五年三月に、筑波大学構内でおこなった。将来に対する夢に満ちていると思われる卒業式に臨む学生に対し、式の終了直後に、各自の願い事をカード（短冊）に記入してもらった（写真1）。

収集した計一六一枚のカードを作業テーブルの上にランダムに置き、内容が似ているもの同士を集めてグループ化し、二一のグループに分類した。二一のグループとは、「無病」「休息」「安全」「快適」「健康」「成長（健康的）」「物欲」「金銭欲」「成長（魅力的）」「知識欲」「幸福感」「ふれあい」「家庭」「成長（技術的）」「達成欲」「連帯感」「社会的地位」「出会い」「美形願望」「役割意識」「平和」である。

写真1：願い事を収集するスタッフ（右）。楽しい雰囲気を盛り上げるように衣装に工夫を凝らした

この二一グループを、すでに四段階に構造化されているフィジカル・アクティビティにあてはめてマップ化することを試みた。その結果、フィジカル・アクティビティという評価軸だけでは収まりきらないグループが多数見い出されたため、新たなQOLの軸として、社会との交流度合いを示す「ソーシャル・コミュニケーション」（Social Communication＝社会との交流）と、人生設計にかかわる欲求の度合いを示す「ライフスパン・マネジメント＝人生設計」（Life-span Management）の二軸をもうけた。

「フィジカル・アクティビティ評価軸」が、①生命維持、②ADL、③IADL、④（狭義の）QOLという四段階になっているため、新規に設定する二軸についても、低レベルから高レベルまで四段階の尺度になるようにあわせた。「ソーシャル・コミュニケーション評価軸」は、「①個人、②人対人、③グループ、④社会」とした。「ライフスパン・マネジメント評価軸」は、「①即時的、②短期的、③数年、④一生」とした。

以上の三つのカテゴリーとそれぞれのレベルを、三軸をもつ立体マップとして表現した（図1）。QOLレベルが低い状態とは、＜「生命維持が保障されるレベル」×「個人として生きるためのアクセシビリティ・ユーザビリティを求めるレベル」×「即時的に最低限の生活を維持できればよいとするレベル」＞であり、QOLレベルが高い状態とは、＜「（狭義の）QOLが実現されるレベル」×「社会活動をパートナーシップを生かして積極的におこなうレベル」×「一生

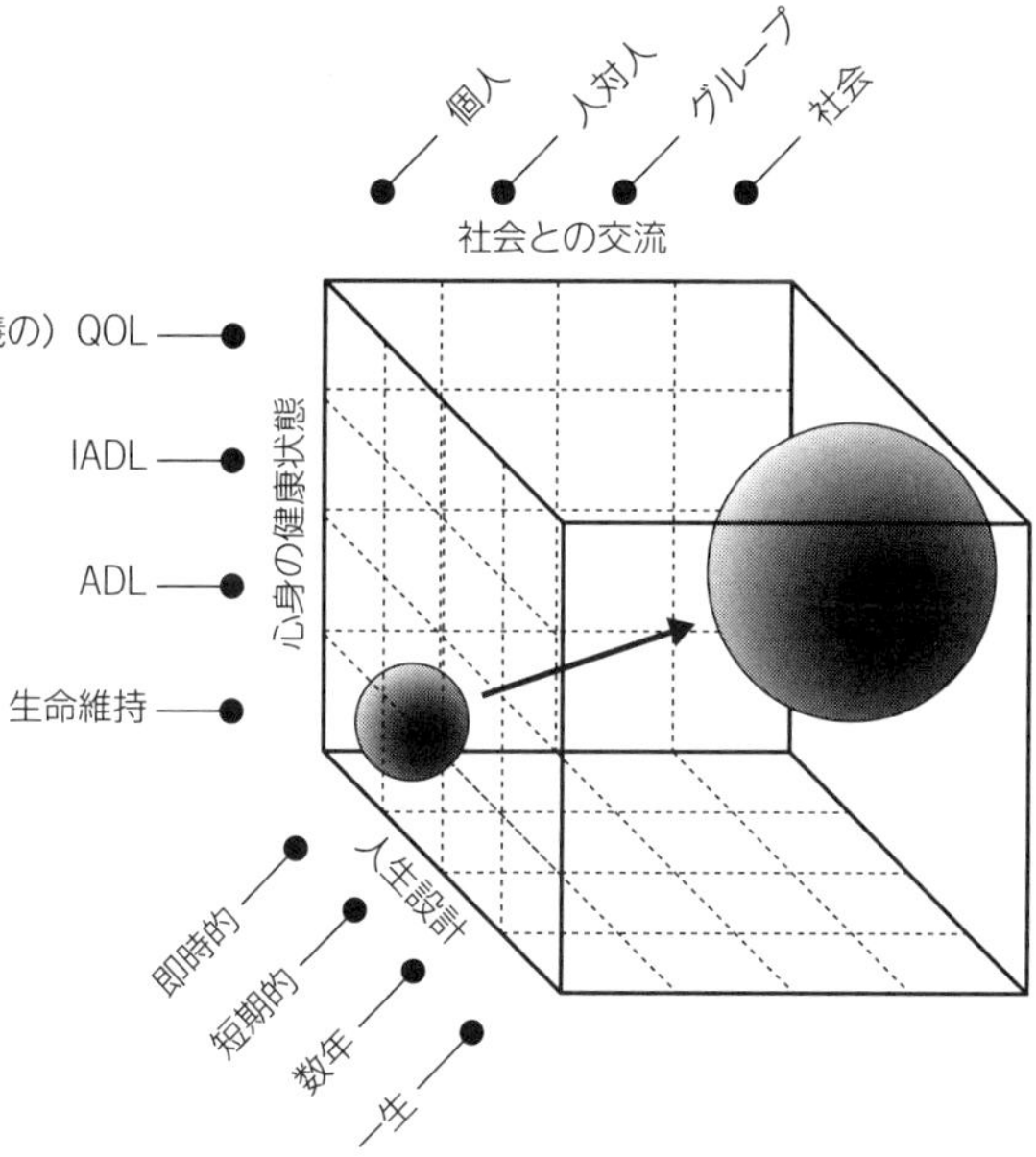

図１：QOLレベルを示す3軸マップ

をかけて自己実現に邁進しようとするレベル」＞ということになる。そして、参画型デザイニングは、三軸ともに低次元なレベルから、三軸ともに高次元なレベルへと誘導するきっかけや実践をうながす効用があると仮説してみた。

４・３・３　プロジェクトを対象としたＱＯＬ調査

参画型デザイニングが、参画した人の心的環境の形成にどのように作用しているかを評価・検証するために、アンケートツールを作成した。ＱＯＬの三軸に設定した「四段階のレベル」ごとに、一般的な生活実感に当てはまるような質問項目を設定した。

心身の健康状態をしめす「フィジカル・アクティビティ軸」に設定した質問項目

①「日々を無難に過ごしている」（生命維持が保たれるレベル）

②「身の回りのことを、おっくうがらずにこなすことができる」（ADLが保たれるレベル）

③「日常の仕事（炊事、庭掃除等）を、テキパキとこなすことができる」（IADLが保たれるレベル）

④「心身の健康を自覚し、生きがいを感じる日々である」（（狭義の）QOLが保たれるレベル）

社会との交流状態を示す「ソーシャル・コミュニケーション軸」に設定した質問項目

①「身の回りのことに好奇心を感じる」（個人レベルの社会交流）

②「親しく話せる家族や友知人がいる」（人対人レベルの社会交流）

③「グループでの活動に前向きに参加している」（グループレベルの社会交流）

④「社会的な活動に積極的に取り組んでいる」（社会的活動を意志するレベルの社会交流）

人生設計にかかわる「ライフスパン・マネジメント軸」に設定した質問項目

①「退屈せず、充実した毎日を過ごしている」（即時的レベルの行動）

②「最近、取り組んでいる仕事や趣味がある」（短期的（週又は月ごと）レベルの行動）

③「長い期間にわたり、取り組んできた仕事や趣味がある」（数年レベルの行動）
④「生涯をかけて取り組み続けたいと思う仕事や趣味がある」（一生レベルの行動）

以上の質問に加えて、経済的豊かさの実感を聞く質問として、「経済的に「生活の質」が高くなってきたと感じることがある」を設定した。加えて精神的豊かさの実感を聞く質問として、「精神的な意味で「生活の質」が高くなってきたと感じることがある」を設定した。この二つの質問により、経済的価値感と精神的価値感の相関性をみることができるようにした。そして最後の質問として、参画型デザイニングへの取り組み姿勢を調べるために、「参画型プロジェクトには、今後も意欲的に関わりたい」を設定した。

これら一五の質問を、プロジェクトにかかわる前の状態と後の状態とを比較しながら答えてもらい、プロジェクトをつうじて、ＱＯＬにどのような変化があったのかを調べられるようにした。すなわち、「プロジェクトに関わる前と変わらないレベル」を「3」とし、今の状態を五段階で答えてもらうことにした。

調査対象には、七プロジェクトのうち、現在も大学が活動にかかわっている玉里村での「都市・農村交流拠点づくり」プロジェクトを選んだ。参画型デザイニングに参画した住民（「参画者」と称する）と参画をしていない住民（「非参画者」と称する）に同じ質問をおこない、結果の比較検証を試みた。なお、非参画者については、プロジェクトに相当する期間を考慮し、「三〜四年前と比べて、今のレベルはどうか」と問うようにした。

4・3・4　QOL調査の結果と評価

前節で詳述したアンケートツールを用いて、いままで実践的に取り組んできた参画型デザイニングを適用した地域振興プロジェクトの効果測定と、その評価に関する調査をおこなった。従来から一般的におこなわれてきた経済波及効果（売り上げ）やにぎわい創出効果（参加人数やマスコミ露出度など）というような定量的把握が可能な尺度だけでなく、たとえば「豊かさ」というような、住民の生活の質に与える影響を定性的に測定できるような調査ツールを開発し、実践的に取り組んできたプロジェクトにあてはめて測定しようとしたものである。

以降に分析結果を示す。まず、プロジェクト非参画者については、各質問とも、三〜四年前のレベルと比較してほとんど変化がみられなかった。しかしプロジェクト参画者の場合には、全メンバーに共通して顕著な変化がみられた。

心身の健康状態の変化を聞く質問については、低次なレベルではほとんど差異がみられなかったが、「健康の自覚」というような高次な部分では、参画者のほうが高い値をしめした。「社会との交流」に関する質問では、違いは一層顕著であり、「人生設計」に関する質問においても、参画者の方が顕著に高い値をしめした（図2）。「経済的な意味での生活の質」については、ほとんど差はみられなかったが、「精神的な意味での生活の質」については、参画者の方が顕著に高い値をしめした。このことから、プロジェクトには、ＱＯＬを総合的に向上させる効果があるものと判断した。

次に、参画者と非参画者の間で顕著に現れた差が、他のプロジェクトでも共通の傾向をしめすかどうかを検証するために、「石材業活性化」と「花のまちづくり」という二プロジェクトについても、同様の調査をおこなってみた（図3）。

この表から、三プロジェクトの参画者には類似した傾向がみられることがわかった。とくに顕著に向上しているＱＯＬ軸は、「社会との交流」である。参画型デザイニングは、個人や家庭というような小さな単位のコミュニティのなかで生活している人を広い社会に導き出し、プロジェクトという社会活動を実践するなかで、徐々に「人生設計力」を身につけていく動機づけと誘導をおこなうプログラム、と位置づけることができそうである。

個々のプロジェクトに特徴的な結果について述べてみよう。

玉里村の「都市・農村交流拠点づくり」プロジェクトでは、他の二つのプロジェクト結果と比較して、ゆったりと安定してレベルが向上する傾向がみられる。プロジェクトをともに推進してきた官民の人間関係がおだやかに形成されてきたため、急速な事業の発展は期待できないもの

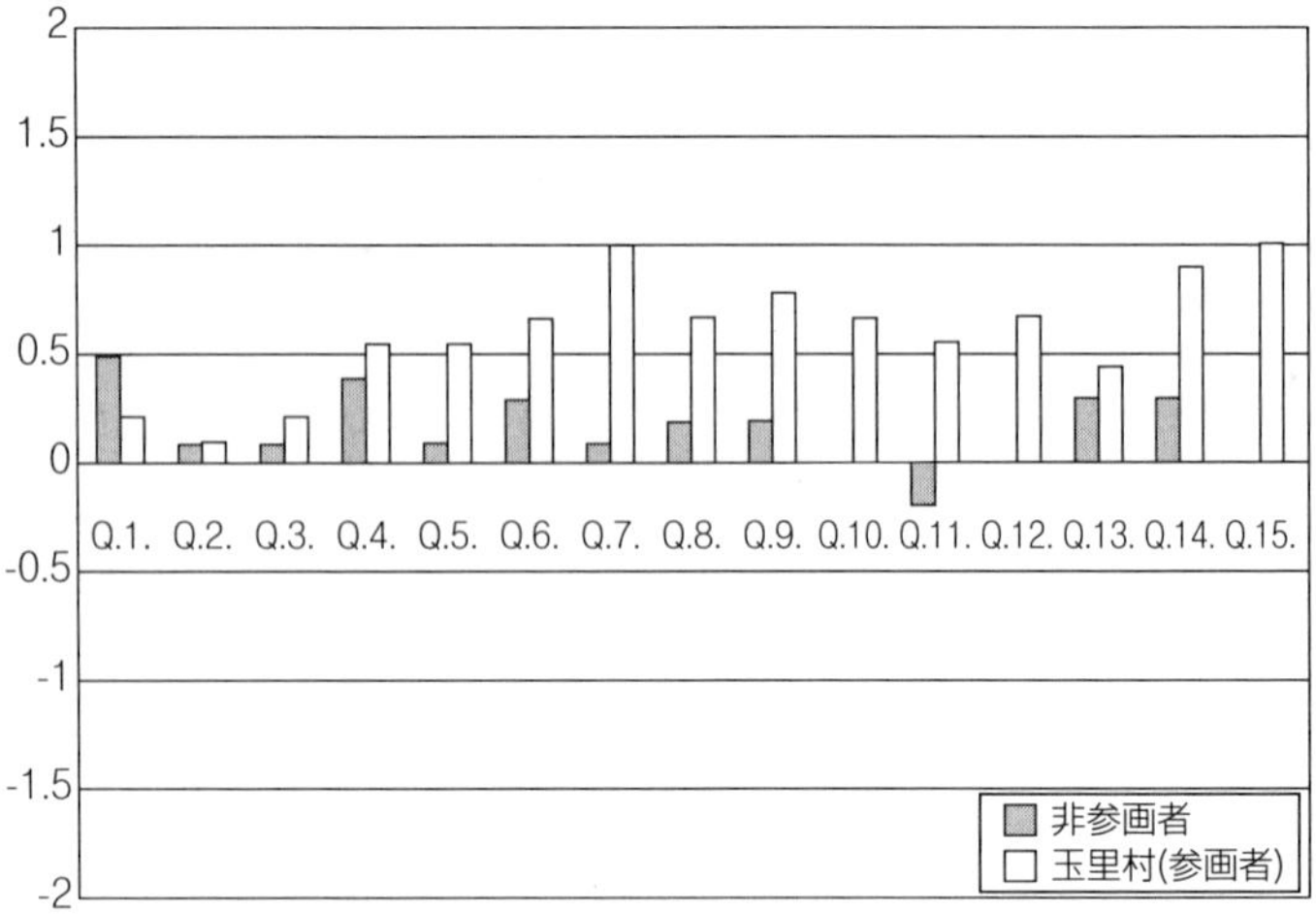

図2：玉里村におけるプロジェクト参画者と非参画者の比較

Q.1.	日々を無難に過ごしている
Q.2.	身の回りのことを、おっくうがらずにこなすことができる
Q.3.	日常の仕事（炊事、庭掃除等）を、テキパキとこなすことができる
Q.4.	心身の健康を自覚し、生きがいを感じる日々である
Q.5.	身の回りのことに好奇心を感じる
Q.6.	親しく話せる家族や友知人がいる
Q.7.	グループでの活動に前向きに参加している
Q.8.	社会的な活動に積極的に取り組んでいる
Q.9.	退屈せず、充実した毎日を過ごしている
Q.10.	最近、取り組んでいる仕事や趣味がある
Q.11.	長い期間にわたり、取り組んできた仕事や趣味がある
Q.12.	生涯をかけて取り組み続けたいと思う仕事や趣味がある
Q.13.	経済的に、「生活の質」が高くなってきたと感じることがある
Q.14.	精神的な意味で「生活の質」が高くなってきたと感じることがある
Q.15.	参画型プロジェクトには、今後も意欲的に関わりたい

図3：アンケートに用いた質問項目

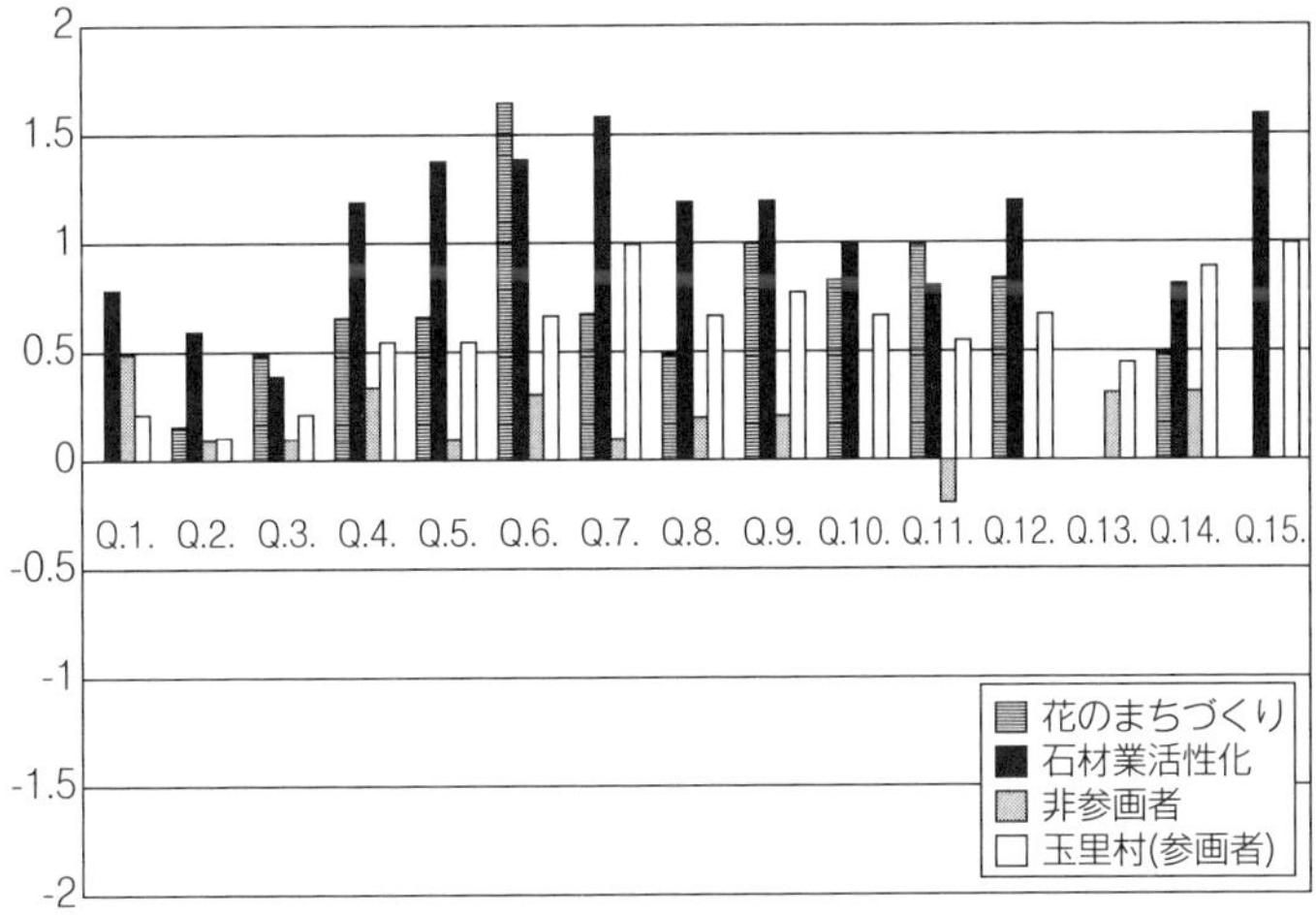

図4：3つのプロジェクトの参画者とプロジェクト非参画者の比較

の、今後も継続的な活動が堅実に育っていくものと思われる。

「花のまちづくり」プロジェクトは、結果のデータに〝振れ〟がみられた。とくに、「プロジェクトへの継続的関わり」が零ポイントとなっていることは、今後の活動にとって不安材料である。市長が替わるとともに委託を受けていた事業が打ち切られ、運営が苦しくなっている状況だけでなく、八年間にわたる活発な活動とその成果が、市から積極的に評価されないことへのむなしさが調査結果に現れているとも思われる。

「石材業活性化」プロジェクトは、全体的に高い値をしめした。四年間にわたり黙々と励んできたプロジェクトの成果が出始め、さらに「石匠のゼミ」の開講により、参加大学学生たちと石匠の関係が一層親密になってきたことも影響していると思われる。とくに、「経済的視点での生活の質」がゼロ・ポイントでありながら、その他がきわめて高い値をしめしていることは、利潤追求だけにとどまらない産業振興施策や脱経済主導社会を模索するうえで興味深い結果である。

本アンケートは、プロジェクトの経過のなかで、その目的や意図に共鳴しながら、プラットフォームの雰囲気を好ましいとする〝生き残りメンバー〟を対象とする調査結果である。途中で脱会したメンバーも多く、それらの人からのアンケート結果は得られていないため、この調査結果には偏りがあると指摘されてもいたしかたない。しかし、メンバー全体の和合を第一義とする中和された活動運営を強いるよりも、たとえ一部の人に限定されても、より個性の強い満足度の大きい活動をすべき、という考え方に基づいてプロジェクトを運営してきた面があるため、〝残ったメンバー〟を対象とする調査には意義があると考えている。

4・4 「ソシオデザイン」をめざして

地域における本質的な課題は、少子高齢化や過疎化というような今日的現象への対応に限定されるものではなく、むしろ明日を担う青少年たちが、地域の将来のあるべき姿を描きえないという根本的社会問題にどのように対処すべきか、ということである。「地域には夢がない」というステレオタイプなイメージは、高度経済成長期に都市に労働力を集約するために戦略的につくられてきた側面もあり、言いかえればそれは、高度経済成長社会が残した深い傷跡ともいえるだろう。日本の社会が今、真剣に取り組まなければならない戦略は、地域に潜在するさまざまな価値や資産、力能を掘り起こしながら、地域の特性に根ざした多様な夢を創出することである。広がりという空間軸の価値を求めるグローバリズムと、奥行きという時間軸の価値を有するローカリズムとを結びつけ、横断的かつ立体的な構造を持った新たな社会を生み出すことである。

消費社会の成熟化と情報社会の進展によって、ブランド志向のマスコミュニケーションから、限定的ながら多様な選択肢を持った、いわば〝オタク的〟な価値が評価されるミニ・コミュニケーションの時代へと転換しつつある。そして高齢化が進む社会では、生き抜く力となる「自己実現型の価値」への探求が求められるようになっていくはずである。地域に潜在する価値や情報、力能は、これからの社会にとって有益な資源になるに違いない。

参画型デザイニングへの着目は、「ポスト消費社会」を想定した新たなデザインの役割を考えるところから芽生えはじめた。それは、デザインの役割のシフト（転換）ではなく、「デザインの役割の多様化」ととらえられるものである。

産業技術社会、そして高度消費社会の進展をとおして、デザインは商品力という付加価値の創出に多大な役割を果たしてきた。そしてその役割は今後も継続されていくことだろう。それに対して本書では、参画型デザイニングという新たなデザインの概念を提示し、衰退しつつある地域の現状を直視し、その再生に適応しえるさまざまな実践的デザインプログラムの可能性について論じてきた。

参画型デザイニングは、一般生活者であるすべての人を対象に、一人ひとりの力能の中に存在するデザイン力を導き出し、それを社会活用することにより、地域の活性化と地域に暮す人びとの生活の質の向上に役立てようとするものである。このような〝小さな全体性〟を持つ個々の力能を集め、大きな運動体に紡ぎあげ、それを地域づくりに繋《つな》げていくことは、一見複雑で難しいことのようにみえる。しかし事例で紹介した三重県の取り組みのように、産学を含む官民一体となった賢い取り組みがすでに活発におこなわれており、それは決して不可能なこととはいえない。参画型デザイニングは、これからの社会のあるべき姿を先取りするソシオデザインの先端的取り組みであり、自立性や自治意識の高い市民を対象に、潜在する内発力を導き出しながら育成しようとする効果的なプログラムなのである。

ここで、参画型デザイニングがめざすこれからの地域づくりの具体的方向性の一つとして、「ソシオデザイン」というキーワードを提示したい。個々人がそれぞれの力能を最大限に活かしながら小さなコマを回しあおうとする自己実現型の活動は、ある意味で趣味のサークルのようなものであり、それらのコマを地域を磨き上げていく原動力としていくためには、コマを相互に「融合化」させるしくみを工夫する必要がある。ソシオデザインとは、すなわち自己実現と社会づくりを一体化しようとする概念であり、そのためには、複雑な諸要素をつなぎあわせるための「プロデュース」とか「ディレクション」というような統合機能が求められることになる。そこに、デザインという専門職能の存在意義が認められるのである。

ここで、ソシオデザイン実践の好事例として、イギリスで活発に取り組まれている「TCM」と「ショップモビリティ」を紹介しよう。

4・5　TCMとショップモビリティ

「TCM（Town Centre Management）」は、一九八〇年代初頭に、マークス&スペンサーやブーツといった先進的な大手小売業者などによって提唱された中心市街地活性化の取り組みである。一九八〇年頃のイギリスでは、多くの地方都市の中心部が荒廃し、治安も悪化する状況に陥っていた。TCMは、郊外に展開される近代的なSC（ショッピングセンター）に対抗するために、SCの成功要因と同じものを中心市街地づくりのプログラムに取り入れようとした。たとえば、定期的な清掃とゴミ収集による清潔な環境、歩行者通路、車両アクセス道路、駐車場などを配慮することによるアクセスのよさ、全体的なプロモーションとマーケティングの実施、消費者を誘引するイベントや催事を開催するマネジメント組織の設立、などである。イギリスでは、TCMの先行組織であるATCMが一九九一年に結成され、二〇〇〇年時点で二八九ものTCMが登録された［注3］。

TCMは、地方自治体、民間事業者、商工会議所、コミュニティ団体などによって構成されるパートナーシップ型の組織であり、協働的に作成されたビジネスプランのもとに、タウンセンターマネージャーとワーキンググループが個々の事業を担っている。すなわちTCMは、まちにかかわるあらゆる人が連携力を発揮し、まちの魅力向上の諸施策を総合的に進め、より多くの人びとをまちに誘引し、にぎわいを創出しようとする運動体なのである。

「ショップモビリティ（Shopmobility）」は、ＴＣＭとかかわりが深いイギリス特有の歩行者支援の社会サービスシステムである。ＴＣＭによって、歩いて楽しいまちづくりが推進されるようになると、自然にモール（歩行者専用道路）が広がるようになった。それにともない、歩行に困難のある人が自動車で目的のショップの至近までアクセスできなくなり、不便が生じた。そこで歩行支援機器である電動スクータや車いすを貸し出すことによって、その問題を適切に対処しようとするショップモビリティという社会サービスが生まれたのである。一九七九年に新興都市ミルトンキーンズで始まったショップモビリティは全国に広がり、全英の二五〇カ所以上で運営されている［注4］。

イギリスの主要地方都市の中心市街地を対象に、二〇〇〇年七月に一週間にわたって現地調査をおこなった。調査地は、イギリス中部の大都市であるノッティンガムとレスタ、地方の小都市であるバートン・アポン・トレント、新興都市であるミルトンキーンズ、歴史的な大学都市ケンブリッジ、ロンドン郊外のまちキングストン・アポン・テームズ、ロンドン市内のイベント・パークであるザ・ドームの七カ所である。

この調査から、地域産業の衰退によって荒廃していた地方都市がＴＣＭの推進によってにぎわいをとりもどし、安心して歩ける楽しいまちに整備されていることが確認できた。中心市街地はどのまちも共通して、アクセシビリティ（来やすさ）、ユーザビリティ（使いやすさ）、アメニティ（心地よさ）、エンターテインメント（楽しさ）という四要素がバランスよく配慮され、魅力的なタウンデザインがなされていた（写真2～9）。また行政、事業所、ボランティア、一般住民のパートナーシップによって、きめ細かいタウン・サービスが適切に運営されていることも確認できた。日本とのもっとも大きな違いは、行政がデザイン・ディレクション力をもち、戦略的なタウンマネジメントのリーダーシップを発揮してきたことである。日英の比較は、土地所有制度の違いなどにより単純には比較できないものの、日本においては行政のデザイン力の育成が課題であるとの知見を得ることができた。

ショップモビリティとタウンモビリティ

イギリスで市民権を得たショップモビリティは、一九九〇年代半ばに、タウンモビリティという名称で日本にも導入されたが、なかなか普及が進まない。その根本的原因として、まちづくりに対する考え方の相違があると仮説し、その両者の比較をおこなってみた。イギリスのショップモビリティ四カ所（ノッティンガム、レスタ、バートン、ケンブリッジ）と、日本のタウンモビリティ四カ所（広島市、金沢市、秋田県鷹巣、石川県輪島市）を実地調査することにより、その

写真4：笑顔で迎えてくれたショップモビリティのスタッフ

写真2：モールの様子

写真5：ショッピングセンター内の休憩スペース。お年寄りたちがオシャレをして集まっている

写真3：乗り降りのしやすいノンステップバス

写真８：チャリティ活動としてショップモビリティの運営を手伝う中学生と小学生。ここでいうチャリティとは“ほどこし”ではなく、自治体や事業所ではできないことを、住民が無理なく担う仕事のこと

写真６：学生ボランティアによる路上演奏。人だかりができていた

写真９：路上清掃のスタッフ。来訪者と親しく歓談している

写真７：神出鬼没のストリートパフォーマンスショーがひんぱんに開かれる

差異を比較検証した〔注5〕。イギリスでの七カ所のショップモビリティ調査から得られた「まちづくりの五特質」、すなわちアクセシビリティ、ユーザビリティ、アメニティ、エンターテインメント、パートナーシップが、日本ではどのような実態になっているかということについて調べた。

ショップモビリティに見られる五特質は、高齢者や障がいのある人の社会とのつながりを保つとともに、社会への参画をうながし、ＱＯＬを高めるために有効と思われる。すなわち、ベッドや部屋に閉じこもりがちな人に外出をうながし、外出によって社会との交流を楽しみ、まちでの主体的行動をとおして社会的活動への参画を導くというステップアップ効果があると思われるからである。ショップモビリティとタウンモビリティを比較すると、表面的なサービス・メニューにおいては大差はないものの、日本のタウンモビリティには、高齢の人や障がいのある人たちを社会に導き入れるという本質的な部分に不足点や問題点が存在することが観察できた。

生活の充実をはかりその質を高めようとする行為は、日本では、治療やリハビリを除けばあくまでも個人的問題としてとらえられ、個人や家庭のマネジメントに任されている。高齢化が進む社会においては、社会のレベルで個人の生活の質の確保や向上に対してさまざまな工夫や働きかけをおこない、社会参画を動機づけるための多様なプログラムを準備し、人びとの選択に供されるようにすべきである。まちづくりも、そのための効果的なプログラムの一つと位置づけられるべきであり、「一日に一度は外出したくなるようなまちづくり」を社会全体の英知を結集して推進していく必要がある。

日本のタウンモビリティは、アクセシビリティやユーザビリティという基礎的メニューの整備段階に留まっており、さらにアメニティやエンターテインメント、パートナーシップを含めた複合的なまちづくりの推進が必要である。

次にいくつかの具体的施策をリストアップしてみよう。

・アクセシビリティ：交通システムや外出支援サービスの一層の多様化（パーク&ライド、ダイアル・ア・ライドなど）、駐車スペースと管理の改善

・ユーザビリティ：バリアフリーの改善（モールなどの人・車共存システムの工夫、歩道の改善、トイレの整備など）

・アメニティ：休憩施設の整備（ポケットパーク、ベンチの整備など）、しつらえ・彩りのデザイン（花のまちづくりなど）

・エンターテインメント：モールの魅力化、屋台（Street Traders）の配置、イベントの企画・開催、コミュニケーションの場の整備、充分にトレーニングを受けたスタッフの配置

・パートナーシップ：チャリティやボランティアマインドの育成、生涯学習プログラムの整備、まちでのさまざまな実践機会の提供

イギリスのショップモビリティの観察から、次のようなまちづくりの課題を発見した。
・ユーザビリティやアクセシビリティはＵＤ（ユニバーサルデザイン）の入口として重要ではあるが、それだけではＵＤは完結しない。
・ＵＤのプログラムには、生活環境全体に心地よさや調和性、質の高いアメニティ要素が必要不可欠である。
・まちには、多くの人がいってみたい、歩き回りたいと思うような楽しさや魅力、すなわちエンターテインメント性が必要である。
・隅々まで行き届いたＵＤを実現していくためには、社会のあらゆる人の理解と参画による社会づくりのデザイニング、すなわちソシオデザインが求められる。
・生活の質を高め、人と生活空間とのよりよい関係性や調和をめざすことが社会の目標であるという理念が、あらゆる人に共有され維持され続ける必要がある。

これを、「アクセシビリティ」・「ユーザビリティ」→「アメニティ」→「エンターテインメント」→「パートナーシップ」というような四段階のステップアップ型プログラムに単純化してとらえてみると、ユニバーサルデザインの考えに立ったまちづくりの推進過程が見えてくる。タウンモビリティが根づかない日本の社会は、まちづくりが初期ステップであるアクセシビリティやユーザビリティの整備にとどまり、ソシオデザインやUDが未成熟な段階にあるといえる。きめ細かいまちづくりへの一層の取り組みが求められるのである。

4・6　参画型デザイニングの広がり

参画型デザイニングの考え方を取り入れたプロジェクトは、さまざまな方向に枝葉を広げはじめている。息のあった者同士が、自分たちにとって好ましいと思われる世界を築きあっていくわけだから、即効性は弱いものの、継続性に関しては格段の強みを持っている。政策的に始められた事業は、金の切れ目や実施年度の終了とともに分厚い報告書だけを残して幻のように消えてしまいがちだが、住民参画のプロジェクトは、地域にしっかりと根を張りながら、したたかに育っていく。

十年以上に及ぶ参画型デザイニングの参与観察研究をとおして蓄積された知見や経験を、さらに多様な事例に適用することによって、ポスト経済主導型社会である「生活価値主導型社会」へと転換していく道筋が拓かれるのではないかと考え、引き続きプロジェクトの企画・運営にあたっている。今動き始めている二つの実験的取り組みについて紹介しよう。

4・6・1　東筑波ヴィレッジパーク構想

日経リサーチ社が毎年おこなっている「地域ブランド力調査」では、茨城県の順位は四七都道府県中四四位（二〇〇四年度）であり、残念ながらドン尻に近い。お隣の栃木県は最下位の四七位、群馬県が四三位と、総じて北関東圏のブランド力の低さが目立つ。このような調査結果を過度に気にすることはないとは思うものの、それは地域の〝存在感が薄い〟ということであり、少しは胸を張って「茨城のお国自慢」をしたくもなってくる。さて、どうしたらよいだろうか。

地域イメージ戦略

地域は、それぞれに固有のイメージ価値を持っているはずなのだが、放っておけば、それは何のパワーも生み出さない。原石のまま地下に眠り続けているエメラルドのようなものだ。そのように陽の目を見ないイメージ価値を、「ブランド」という宝石に磨き上げていくためには、「ブランド戦略」という活動が必要不可欠である。

日本での地域ブランド戦略の始祖は、阪急鉄道の創設者で後に商工大臣にもなった小林一三（一八七三―一九五七）による「私鉄沿線開発」ではないかと思う。小林一三は、芦屋のような高級住宅地の開発、ホテル開発や宝塚劇場などのアミューズメント施設、またターミナルデパートづくりなど、地域マネジメントを意欲的に推進し、東京の田園調布や成城学園、常盤台などの住宅地づくりにも大きな影響を与えた。しかし小林一三の戦略は、独創的なものではなく、イギリスの都市計画家E・ハワード（一八五〇―一九二八）によって推進された〝都市と田園の結婚〟を理念とする「田園都市構想」に影響を受けていたようである［注6］。イギリスではハワードの理念に基づいて三十以上のニュータウンが建設されるとともに、その理念・思想は日本を含む世界に広がり、理想のまちづくり・都市づくりが競いあうように郊外に展開されていったのである。

変わり始めた県南イメージ

私鉄沿線が、規模の大きなテーマパークのようなエンターテインメント性に満ちているのに対して、北関東圏は、「茫漠感」とでもいうべき雰囲気に包まれている。JR常磐線沿線エリアもまたきわめて茫漠としており、心をワクワクとさせる要素に欠けている。

二〇〇五年八月に開通したつくばエクスプレス（TX）は、茨城県南のイメージを大きく変革しようとしている。TXは既存の鉄道路線の延伸ではなく、まったくの新線であり、それゆえに時速一三〇キロメートルを実現する完全高架・トンネルの線路や、ユニバーサルデザインに徹した駅舎など、その先進性はきわめて高い。デザイナー必見のSF映画「ブレードランナー」のシーンを彷彿とさせるようなオタクの街・秋葉原と、知の集積地であるサイエンスシティ・つくばを結び、その至近のところには、名峰・筑波山と、日本で二番目の大きさを誇る湖水・霞ヶ浦が控えている。さらに「つくばスタイル」という優れたライフスタイルの提案がなされたことにより、世代を問わず好ましい沿線イメージが広く認知されるようになった。まさにハワードの理念にピッタリの田園都市が形成されようとしているのである。

「真壁のひなまつり」

しかし、変わりつつある県南地域にも根本的な問題点が潜んでいる。TXという新たな道が拓けたにもかかわらず、その玄関先のしつらえは依然として茫漠としたままで、地域の文化を感じさせる〝華〟に欠けている。茨城を訪れた人びとをもてなす彩りに、もっとこだわりがあってもよいと思うのだ。ショッピングセンターやアウトレットなど、県外からの商業施設の進出は恐ろしいほどに活発だが、地域固有の生活や文化を活かした「つくばスタイル」に人を導き入れようとする遊び心に満ちた観光拠点はあまり見あたらない。茨城を訪れた人びとに、〝茨城ってステキなところね〟という第一印象を持ってもらい、さらに何度もいってみたい、住んでみたいと思ってもらうようにするためには、どのようなおもてなし拠点が必要だろうか。

つくば市の北に位置する桜川市に、真壁というまちがある。真壁では、住民たちが主体となって「真壁のひなまつり」という、ささやかなおもてなしの祭りを立ちあげた。旧家が次々と取り

写真10：真壁のひなまつり（見世蔵の店先）

壊されることによって古い街並みが消えていくことに寂しさを覚えた住民たちが、街並みの保存のために、古民家の登録文化財指定をはかる取り組みをはじめた。やがて冬のさなかにもかかわらず、ぽつりポツリと人が訪ねてくるようになったのだが、そのような来訪者をもてなそうとするささやかな祭りがはじまった。住民の高齢化により、すっかりお蔵入りになっている雛人形を蔵から運び出して各家に飾り、来訪者を招き入れようとする住民参画型の「ひなまつり」である。ささやかなイベントも五年目を数えるようになると、一カ月間だけの開催期間にもかかわらず十万人以上の人びとが訪れる大きなイベントに育った。それでも〝呼び込み型〟の観光ビジネスに陥らないように、あくまでも手作りのおもてなし型の祭りを守ろうとしている真壁の人たちに、心からの親しみと敬意を覚える。人と人とが親しく交流しあい、そのことによって、街並みも整い調和のあるまちが蘇ろうとしているのである（写真10）。

地域の文化や人を見せ物にして稼ごうとするような開発型観光から、地域の素顔や生活ぶりをそのまま観光につなげようとするグリーンツーリズム型観光への転換が活発におこなわれるようになっている。体験型とか交流型と呼ばれるような観光は、その一端である。少子高齢化、過疎化が進む地域を元気にするためには、二地域居住なども含む多様な交流人口の誘いこみが欠かせない。地域のもつ魅力をじっくりと見据え育てていこうとする賢い姿勢が多くの人びとの共感を呼び、人の輪が生まれるのである。

「茨城プロデュース」事業

住民参画型のまちづくりとは正反対に、茫漠感のかたまりのようなたたずまいをみせているのが、公共的な観光拠点である。それらは荒れ果てているとはいえないまでも、総じてウラ寂しい気配を漂わせている。県の商工労働部観光物産課の企画による「茨城プロデュース事業」がはじまり、五年間にわたり県内各地を対象に再生プロデュースの実践的研究がおこなわれてきた。平成十九年度の対象地として選ばれたのは、筑波山麓に点在する観光拠点であり、「東筑波ヴィレッジパーク構想」は、その活動の成果としてまとめられた企画提案である。

筑波山の東側には、県立のフラワーパークなど四つの似かよった性格の公共観光拠点（フラワーパーク、常陸風土記の丘、小野小町の里、雪入ふれあいの里公園）が点在していることから、筑波山観光のサブメニューとして広域的な山麓回遊パークがつくれるのではないかと考えた。昨今の自治体の財政事情を考えると、とてもではないが新しい観光拠点をもうけることは難しい。世の趨勢も、つくり捨て・使い捨ての消費型から、環境に配慮した持続性の高いプログラムへとシフトするようになっている。在りものを有効活用し再価値化をはかろうとする再生事業の推進は知的であり、社会からの支持も得やすいと思われた。

ところが、これらの施設を訪ねてみると、どれもが同じような問題を抱えていた。これらは合併前の旧市町の頃にそれぞれ個別に企画・建設されたものである。至近のところにありながら大同小異の内容を持つ中途半端な規模の観光拠点であり、個性に欠けていた。さらに、来場者の減少、老朽化、維持管理の負担増という共通した課題を有していたのである。

「ヴィレッジパーク」構想の概要

県観光物産課を窓口に、土浦市、かすみがうら市、石岡市の三市が密接に連携し、「共通の理念と戦略」を構築・共有しあい、それに基づいて四つの観光拠点のリノベーション（改修）を効果的に推進するプロジェクトを立ち上げようということになった。それが「東筑波ヴィレッジパーク構想」であり、縦割り型を特徴とする自治体が協働して一つの課題に取り組むという画期的な三市連携による参画型デザイニングなのである。

筑波山麓南東面に点在する四つの公共的観光拠点を連携させ、「エリア・マネジメント」をおこなうことによって、衰退化が懸念される観光拠点の再生を図ろうとした。地域の魅力発信の「顔」である観光拠点の老朽化は、県内各地の拠点に共通する現象であり、対処療法的な施策では解決しえない難しい課題である。現有施設が持つ強みや根本的な問題点を明らかにし、理念の再構築というレベルから抜本的な改革を試行することによって、今後県内の公共的観光施設の再生の範となるモデル事業が展開できるのではないかと考えた（図4）。

四つの観光拠点に共通するもっとも根源的な問題点・課題は、「公共的施設特有の味気なさ、寂しさ」である。その原因は、「オーナーシップ」、「ホスピタリティ」、「パートナーシップ」という三要素の欠如にあると考えた。

「オーナーシップ」とは、民営のテーマパークやリゾートホテル、レストランなどにおいて最重要視されるオーナーの経営理念や、スタッフに共有される帰属意識のようなものである。経営哲学や美意識が施設の隅々にまでゆきわたることにより、一貫した強固なブランド形成につながっている。公共的施設には、そのような「オーナーシップ」が根本的に欠如している。

「ホスピタリティ」とは、来訪者が期待するニーズに的確に答え、細やかなサービスにより、

深い満足感を提供しようとする〝おもてなしの心〟である。現在の四拠点は、一昔前の遊園地や動物園のような旧態依然とした観光施設であり、体験や交流を求める来訪者のニーズがとらえられていない。また自らの個性である地域らしさや地域の強みを活かそうとする意欲も希薄である。

「パートナーシップ」とは、各自の強みを活かしあうマネジメント力のことである。公共的施設では、一般的に施設の建設のみが目的化され、持続的に施設を整備・運営しながら魅力を高めてゆこうとする運営面のしくみや工夫、熱意が不足して

図5：東筑波ヴィレッジパークの鳥瞰図

いる。またその管理は、専門的な経営スキルに欠ける指定業者に丸投げされがちである。本プロジェクトでは、公共的施設に欠落しがちな「オーナーシップ」、「ホスピタリティ」、「パートナーシップ」という三要素を育てながら四拠点の再生と地域の魅力度の向上を図ることをめざしている。

人口が集中する都市とは異なり、限られた人口の地域がその活力を高めてゆくためには、「交流と連携」が欠かせない。そのプログラムづくりには、つなげるしくみ、つまりプロデュース力という〝横糸機能〟が必要不可欠である。地域再生プロデュースの実践は、これからの地域づくり・国づくりのキーワードになるに違いない［注7］。

4・6・2　ホスピタブル・イン・ホスピタル

新たに取り組んでいるもう一つの参画型デザイニングの試みを紹介しよう。それは学生の有志が中心となって進めている「病院を変えよう」とするプロジェクトである。筑波大学附属病院や近隣の筑波メディカルセンター病院、龍ヶ崎済生会病院を研究フィールドとして、病院にさまざまな〝外の風〟を吹きこもうとするユニバーサルデザインの実践的研究活動である。学生とはいっても、医学の博士課程で学ぶ外科医から芸術の学部の新入生まで、多才な若者たちが和気あいあいと協働しあい、その志を先輩から後輩へとバトンタッチしてきた学内の参画型プラットフォームなのである。

たとえば大学附属病院は、同じ大学キャンパス内にありながら、学生たちにとっては未知なる場所となっている。なぜならばそこは機能本位にレイアウトされた隔離的な空間だからである。毎日二千人以上の人が来院する場を外に向けて開き、アートとデザインの力を活かしながら、少しずつ日常的な生活空間に近づけようとすることによって、多少でも医療支援ができるのではないかと考え、「.tud（ドットタッド）」というグループを立ち上げた。私たちの意図を理解し積極的に受け入れてくれたのは看護師のみなさんだった。まずは、院内を見学してまわり、日常的な生活空間と比べて強く違和感を覚えるトイレに注目した。殺風景な共用トイレはいかにも寒々しい。そこで、学生達が協力しあって、ハンガーに掛かったTシャツをイメージさせるような小さな飾りものを手づくりし、その下に「日めくりカレンダー」を下げてみた。各階のトイレに設置したあとに何度か様子を見にいってみると、日めくりカレンダーは、いつも〝その日〟になっていた。誰かが、その存在に注目してくれている証であり、活動への意を強くした。

クリスマスが近づく頃になると、リースをつくるワークショップを企画・開催した。入院患者さんやそのご家族といっしょに、季節感を実感する手仕事を協働的におこなおうとするものである。車いすに点滴棒というかなり重度にみえる人も看護師さんに連れられて集まってきて、何がはじまるのかとけげんそうな顔をして取り巻いている。ワークショップの展開は怪しい雲ゆきのもとではじまったが、一旦とりかかってみると、誰もが手仕事に夢中になりはじめた。自作の華やかなリースができあがり、記念写真を撮る頃には、参加した患者のみなさんの顔には始めた時とはまったく異なるウキウキした表情が浮かんでいた。手を使うこと、ものづくりをおこなうこと、そして仕事を続けることが、元気を生み出す源であり、またそれは人が自己の存在を確認するための重要な儀式のようにも思われた。

このようなささやかな医療支援活動を発展させ、文部科学省の「特色ある大学教育支援プログラム（特色ＧＰ）」に選定された授業「アート・デザイン・プロデュース」の一環として、「ホスピタブル・イン・ホスピタル」という病院支援のプロジェクトをおこなっている。「asparagus（アスパラガス）」という名前の学生アート集団は、「つながる」をキーワードに院内でアートのワークショップを開催した。アスパラガスの飾りをつけた白いつなぎのユニフォームの学生たちが、廊下で神出鬼没のパフォーマンス的アート活動やインスタレーションと呼ばれるアートの展示をおこなった。それは、外来診療棟と入院病棟を結ぶ二〇メートルほどの長さの渡り廊下を活かした「ＳＯＨ（ソウ）」という名のアートステーションづくりに発展していった。渡り廊下への行き来を阻んでいた重そうな鉄扉を内部が見とおせるガラスの扉につけかえたり、アート作品展示のためのピクチャーレールやアンカーボルト穴を天井に設置したりするリニューアルが、病院と施設部の協力で実現した。アートステーションＳＯＨでは、さまざまなアートワークショップがおこなわれるようになっている。たとえば「co-more-bi（こもれび）」というワークショップでは、来院した人びとや医療スタッフに参加を呼びかけ、カラフルなフェルトを使って思い思いの「つた」をつくってもらい、それをつなげて窓に這わせることにより大きな一つの木に成長させていく協奏的表現活動が展開された（写真11）。カラフルな「つた」によって、白く無機質だった病院空間が彩られ、窓から差し込む光によって、見事に美しい木漏れ日がつくりだされた。ＳＯＨ内には、学生がデザインした木のスツールが置かれ、徐々に工作教室のような場所に変わりつつある（写真12）。医療スタッフ対患者という対峙的関係性が強く感じられた病院が、人びとが行き交うまちの街路のようなたたずまいに変質し、ともにワークショップを楽しみあったり、作品を鑑賞しあったりする場になりつつある。

「アート・イン・ホスピタル」というコンセプトは、増築が予定されている新病棟の主要テーマの一つに掲げられている。学生達が主体的におこなう「ホスピタブル・イン・ホスピタル」の活動は、筑波メディカルセンター病院など周辺の病院にも広がり、さまざまな表現体が生み出されている。明日の社会づくりを担う学生たちが、医療スタッフとともに新しい医療環境づくりに取り組み、ソシオデザインの実践に強い意欲を燃やしているのである［注8］。

写真11：「co-more-bi」ワークショップ

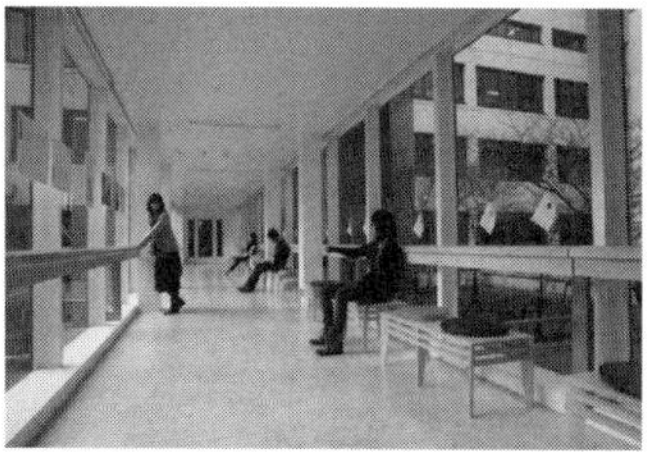

写真12：木のスツールが置かれた「SOH」

4・6・3 エピローグ：小さなホンモノ、心の美術館

茨城県の最北にある大子町で、小さな美術館づくりにかかわった。それは今まで取り組んできたさまざまな再生プロジェクトのなかでもとくに印象深いものの一つとして心に残っている。

二〇〇六年度の「茨城プロデュース事業」の対象地は大子町だった。栃木や福島県境と接する山里にある「奥久慈茶の里公園」には、地域特産品の奥久慈茶にちなみ、茶の歴史や資料を紹介する茶の展示館があり、イラン、中国、イギリスでのティータイムの様子を再現したカップルの蝋人形や、稼働を中止しベニヤ板で囲われたままのホログラフィ装置などが、寒々しい雰囲気を醸しだしていた。その奥に、およそ茶とはかかわりの薄そうな人形作家・山岡草の和紙人形が、UFOキャッチャーのようなガラス張りのスペースに押し込められ寂しげに飾られていた。わらべ人形のひび割れた顔や、神々をテーマとする顔のない人形たちが、狭い展示スペースのなかでオドロオドロしい雰囲気を漂わせていた。来館者数が漸減傾向にあるため、茶の展示をやめて和紙人形美術館に改装する案があるとの話を聞いた。「よい人形ですね」と私が口走ってしまったためか、やがてその実施計画を持って、県と町、そして建築設計会社のスタッフが、アドバイスを求めに大学を訪ねてきたのである。

そのプランを見て、私は愕然とした。人形が見せ物にされようとしている……。建屋のホールは小さな部屋に分割され、それぞれに〝わらべの部屋〟とか〝神々の部屋〟というような室名が

つけられ、部屋から部屋へと巡っていく構成となっているのだが、それはまさに〝お化け屋敷〟のしつらえである。私の憂慮は、人形を見せ物にするような地域は来館者に軽蔑されるに違いない、ということだった。思えば地域の観光は、地域の資産や特産品、そして地域の人びとをも、露天に晒された廉価商品のように軽々しくあつかいながら、卑屈な生業に甘んじてきたのではないか。それが人形美術館の計画図にも投影されているように感じた。「あなたに出会えてうれしい」と来訪者に実感してもらえるような地域の本当のよさを、あるがままに自信を持って紹介し、その価値を心から理解してくれる人たちと親しく交流を結びながら地域を磨き上げていくようなモデル事業を、人形美術館づくりの機会を活かして実践できないだろうかと思った。

山岡草は全国を旅して歩き、大子町にいたった時に、たまたま「子供の頃に夢に見た家」の前に立っていたという。以来啓示を得たかのようにその空き家に住みつき、この地を終の住処として愛しながら、六百体以上もの和紙人形を創作して亡くなった。このような山岡草の生きざまを讃え、その心を多くの人たちに伝えるような展示とすべきである。展示以上に大切なことは、作家の魂がこもったすべての人形を優しく守る作品保管庫の整備をおこなうことである。また施設の建物は、さらに化粧を塗り重ねるような安直な改修を避け、むしろ今までの建て増しや改装の垢《あか》をすっきりと洗い落として、生まれた時のままの姿にもどしてみたらどうだろうかと提案した。それはすでにのべてきたコントラスティブ発想や構造シフトという方法から率直に導きだされたアイデアだった。

設計が進んでいる段階でのネガティブな意見はなかなか受け入れてもらえないものだが、建築設計を担当した三上建築事務所は、きわめて意欲的に検討してくれ、展示ホールの中心部に畳敷きの展示スペースを設けて、腰掛けながら真近なところから人形を鑑賞できるようにするアイデアなどを提案してくれた。まちは、「ちいさいけれどホンモノの展示を」という私の提案に対して、美術館学芸員の参加を要請し、つくばアルス美術館の主任学芸員である外館和子さんが、遠路をいとわず展示計画のためにかよってくれることになった。選りすぐりの人形を、よく整備された展示環境のなかに浮かびあがらせたいという思いのもと、こだわりの展示デザインが検討された。「こころをかたちにする」というデザインの神髄が、率直に関係スタッフに共有されたと直感した。

わずか半年弱の工事期間を経て「和紙人形美術館・山岡草常設館」がオープンした時、そのすがたを見て、私は驚嘆した。存在感が希薄だった建物は美しい木組みをみせてよみがえり、人形たちは草木染めの彩りを取りもどして、生き生きと輝いてみえた。山岡草の目に映ったと思われる大子町の自然の美しさと厳しさ、そしてやさしさを、人形がほっこりと語りかけてくるようにも思えた（写真13）。

こころが宿ればかたちは輝き、そのようなかたちを包みこむ社会のあり方も、変わっていくに違いない。ほんの小さな実践に過ぎないけれど、人形美術館は、何度でも訪れてみたくなる心の美術館としてよみがえったのだと、私は思っている。

写真13：和紙人形美術館・山岡草常設館の展示風景

あとがき

「参画型デザイニング」というタイトルが示すように、さまざまな人たちと、さまざまなデザインプロジェクトを実践してきました。従って本書のエピローグには、映画の終わりのような長いエンドロールが必要であると思われますが、簡略な謝辞になることを、お許しいただきたいと思います。

参画型デザイニングにかかわるきっかけは、一九九三年に茨城県工業技術センター部長の藤沼良夫氏（現・茨城県工業技術センター長）や平松茂夫氏と知りあい、バブル崩壊後の空洞化に対応する地域産業振興施策のあり方について検討を始めたことでした。それを空論に終わらせず、県や国を動かして三年間・総額二億二四〇〇万円を補助しておこなう「茨城県地域産学官共同研究事業」を立ちあげ、大学にファシリテート（まとめ）役をまかせてくれた藤沼氏は、私の地域研究の育ての親であり、その後も多くのプロジェクトについて温かい支援をいただいています。

研究への基本姿勢や方法を教授いただいたのは、国立環境研究所総合研究官の清水浩氏（現・慶應義塾大学環境情報学部教授）でした。画期的な八輪の電気自動車「Ellica」にいたるＥＶ開発に参加する機会を与えていただいたことにより、プロジェクトのプロデュースやディレクションのあり方を実践的に学ぶことができました。

（財）日本産業デザイン振興会からは、一九九六〜一九九九年の四年間にわたり「電源地域におけるデザインを活用した地域活性化に関する調査」の委員に任命していただき、それが地域のまちづくりにかかわるきっかけになりました。また、一九九五年におこなわれた「次世代デザインビジネスステージ　ワークショップ」では、ファシリテータ役を任せていただき、それがコンカーレントワーク手法を取り入れるきっかけとなりました。

地域産学官共同研究事業をきっかけとして、茨城県や県内市町村からさまざまな仕事をいただき、今日に至っています。第三章で紹介したプロジェクトの内の六つは、その一部です。時間が経つのも忘れて熱い論議を交わしあい、成果に小躍りした日々は忘れえぬ思い出になっています。茨城県は、私の地域研究を育んでくれたフィールドであり、支援していただいている県庁の各部局、そして市町村の関係者のみなさまに深く感謝いたします。また、私を手作りの市民活動に導き入れてくれた「茨城ＮＰＯセンター・コモンズ」の横田能洋氏、「アクト21」の北村栄子氏、「下館地域在宅介護を支える会」の小松﨑登美子氏、「笠間国際交流の会」の木村美枝子氏をはじめとする多くの地域活動団体のみなさまに心より御礼申し上げます。

南会津のプロジェクトでは、「山太郎」の話を聞くことができました。どの山にも、山を熟知したマタギにしか見えない神木・山太郎が一本立っているというのです。全国各地で展開されている参画型デザイニングにも山太郎のような位置づけの人がいることを実感しました。南会津の芳賀沼伸氏、江差町の小笠原正能氏、鷹巣町の松橋雅子氏、三重県の平野昌氏、輪島市の桐本泰一氏他の方々です。そして茨城県でのプロジェクトでも、やはりキーストーンたる人が現れました。前述の藤沼良夫氏をはじめ、茨城県酒造組合の冷水豊国氏、稲葉酒造場の稲葉伸子氏、石匠の見世蔵の富田秀氏、水戸本町三丁目の新井均氏、TUGの井口百合香氏、そして玉里しみじみの村の小松修也氏は、まさに外れればプロジェクトの石組みが一気に崩れると思われるような貴重な存在でした。

この実践的研究を論文にまとめ始める動機づけとなったのは、私の出身大学の大先輩でもある西野虎之介氏（元常陽銀行頭取・会長）が理事長を務めていた(財)常陽地域研究センターから、一九九七年に機関誌『JOYO ARC』誌への執筆を依頼されたことでした。「地域づくり」をテーマとする一回だけの執筆依頼に対し、六回も連載するというわがままを許していただきました。その経験から、(株)工業調査会に「まちづくり」の連載コラムを提案し、『月刊M&E』誌への連載を許していただきました。五回程度のつもりが、二〇〇〇年から二〇〇二年にかけて二一回の連載となり、全国各地で同じ思いを共有しながらまちづくりに励む多くの人びとと出会い、交流し、貴重な情報や知見をいただくとともに、三重県や福島県のように協働する機会も得ることができました。

十八年間にわたる大学教員経験と二十年間の企業デザイナー経験、そして我が人生をとおして実感することは、困ったときの神頼み的な「ありがたい人びと」との出会いです。「こんな人がいないと仕事にならない」と思う時に、都合よく〝そんな人〟が現れるものです。多くの場合、それは学生たちでした。面と向かっては厳しい口をききながらも、私を支援してくれている若いパワーに心の中で深く感謝しています。博士論文執筆という険しい山に登る覚悟を決めようとした時、筑波大学芸術専門学群（学部相当）の教え子で課程博士を取得している関場亜利果氏に、日本デザイン学会の秋季大会で久々に再会し、以来論文の資料整理などを手伝っていただくとともに、終始励ましていただきました。

十七年前に企業から大学に転職した時、私にはほとんど論文実績というものがありませんでした。大学の先輩でもある原田昭先生から〝愛のムチ〟をいただきながら、少しずつ執筆活動をはじめることができました。そしてついに博士論文を書き上げるという思いもよらないことを実現することができました。

博士論文「参画型デザイニングの研究—生業性に着目した地域振興プロジェクトの実践を通して—」の主査として、終始温かく適切なご指導をいただいた安藤邦廣先生に深く感謝いたします。多忙な業務のなか、懇切・丁寧なアドバイスをいただいた副査の鈴木雅和先生、野中勝利先生、とくに遠路をいとわず審査にお越しいただき専門的視点からさまざまなアドバイスをいただいた千葉大学工学部の清水忠男先生、また紹介教授として論文審査の段階に導いていただいた穂積穀重先生に心から感謝いたします。そして、参考資料とさせていただいた諸論文の共同執筆者のみなさまに御礼いたします。

博士号は、「足の裏についた米粒」といわれることがあります。「取らないと気持ちが悪いが、取っても食えない」という意味のようです。実際に、多くの貴重な研究成果が、博士論文の完成の後、陽の目をみないまま〝お蔵入り〟になっています。私の論文は、私一人で書き上げたものではなく、多くの地域のみなさんのご協力とご支援があってこそ完成できたものであり、協力者であるみなさんと地域活動の成果を共有したい、そしてこれからの地域づくりに少しでも活かせれば、と思うようになりました。そうはいっても論文は読みにくいものであり、読みやすくリライトして出版する必要があります。しかし、昨今の出版事情から、著書の発行はなかなか実現しないように思われました。そんなとき、小美玉市四季文化館みの〜れ館長の山口茂徳氏の紹介で、文眞堂専務の前野隆氏と知り会うことができ、出版に向けて強力かつ温かい支援をいただくことができました。同社の前野眞司氏には、細部にわたり緻密な編集の労をとっていただきました。お二人に心から感謝いたします。そして、装丁デザインに我が事のように熱心に取り組んでいただいた山崎佳乃子さん、うさぎのイラストを描いてくれた上野ゆかりさんに心から御礼いたします。

本書の冒頭に、著名な画家である滝平二郎氏のきりえ作品を引用掲載させていただくことができました。拙い文章に、素晴らしい彩りを添えていただいた滝平二郎氏と(株)滝平二郎きりえ版権事務所の小野瀬時彦氏に厚く御礼申しあげます。

最後に私的なことではありますが、生来の無精癖から、研究室に留まらず自宅内を資料の山にしてしまいました。二階の子供部屋は資料で埋まり、食卓にも資料が重ねられる始末です。それでも文句をいわず、献身的に研究活動を支え励まし続けてくれた妻・由紀子に、そして亡き実父母を含めた私の大切な家族・親族一同に心からの感謝のことばを贈ります。

平成二一年二月

〈注記〉

［まえがき］

1　［参考文献］齋藤隆介・作／滝平二郎・きりえ：『半日村』、岩崎書店、一九八〇年。

2　霞ヶ浦：茨城県の南東に広がる日本で二番目に広い湖。北浦と西浦があり、うさぎの耳のようなかたちに見える。

［第1章］

1　［参考文献］大友　篤：『地域分析入門』、東洋経済新報社、二〇〇二年（改訂版）。

2　ニューディール政策：アメリカ合衆国大統領フランクリン・ルーズベルトが、一九三〇年代におこなった不況克服のための経済政策。ニューディールは「新規まき直し」の意。

3　熱い社会：フランスの人類学者レヴィ＝ストロースの説。第二章に詳述。

4　横山大観（一八六八―一九五八）：茨城県水戸市出身の日本画家。第一回文化勲章授章。東京美術学校（現・東京芸術大学）卒業。茨城県五浦の「日本美術院」で、岡倉天心らとともに美術活動をおこなう。現地には「茨城県天心記念五浦美術館」が建てられている。

5　地域ブランド力調査：日経リサーチが二〇〇四年から毎年実施。

6　［参考文献］関　則雄・三脇康生・井上リサ・編集部編：『アート×セラピー潮流』、フィルムアート社、二〇〇二年。

7　［参考文献］佐々木健一：『美学への招待』、中公新書（一七四一）、二〇〇四年、五六―五七頁。

8　弘法大師伝説：北海道を除く全国に五千以上ある伝説。弘法大師は、平安時代の高僧である空海の謚号であるが、中世に全国を勧進して廻った遊行僧である高野聖とする説もある。その多くは、井戸や温泉の発掘という地域資産にかかわるものである。

9　フォーディズム：ヘンリー・フォードによるオートメーションの発明により形成されるようになった、労働者を単純労働者として組織する代償として高賃金を支払い、大衆車など耐久消費財を買えるようにするシステム。すなわち「仕事の質」を断念させ消費に関心を向けさせる様式。（出典：パオロ・ヴィルノ、廣瀬　純訳：『マルチチュードの文法』、月曜社、二〇〇四年。）
10　モダンタイムズ：チャップリン監督・主演によるトーキー（パート）映画（一九三六年）。
11　世界価値観調査：各国とも十八歳以上の男女個人合計一〇〇〇サンプル程度の回収を基本とし、同一の調査票に基づく意識調査で、幸福度だけでなく、政治、経済、宗教、ジェンダーなどに関する基本的な価値観について幅広く質問している。（出典：高橋　徹：『日本人の価値観・世界ランキング』、中公新書ラクレ（No.81）、二〇〇三年、八四—八九頁。）

［第2章］

1　［参考文献］村上和雄：『遺伝子オンで生きる』、サンマーク出版、二〇〇四年。
2　［参考文献］蓮見　孝：「ありのままを見てちょうだい！」、「（連載）足で学ぶ—全国まちづくりの極意—（第2話）」、『月刊M&E—一一月号』、工業調査会、二〇〇〇年、二五八—二六〇頁。
3　グリーンツーリズム：地域の自然風景や生態系、固有の文化や歴史、そして住民の心や身体に内在する活力などを活かしながら、地元住民と各地の多様な人びとが交流し価値観を共有しあうことによって、豊かで持続的な〝人と自然の共生地〟をつくろうとする総合的な余暇活動のこと。
4　コンビビアリティ：イヴァン・イリイチの思想。互いの個性を認めあい、打ち解けた交流をとおして、互いにイキイキと高めあう関係性のこと。
5　［参考文献］蓮見　孝：「海の道を拓く大マグロの貯金箱」、「（連載）足で学ぶ—全国まちづくりの極意—（第13話）」、『月刊M&E—一月号』、工業調査会、二〇〇〇年、二〇二—二〇七頁。
6　［参考文献］石山修武：『世界一のまちづくりだ』、晶文社、一九九四年。
7　［参考文献］蓮見　孝：「神秘の山を魅せるグリーンツーリズム」、「（連載）足で学ぶ—全国まちづくりの極意—（第10話）」、『月刊M&E—八月号』、工業調査会、二〇〇一年、二一〇—二一四頁。
8　トレインバイク：自転車を分解せず、そのまま乗せられる鉄道サービスのこと。
9　［参考文献］蓮見　孝：「まちを芽吹かせる地・知・治のリゾーム」、「（連載）足で学ぶ—全国まちづくりの極意—（第

15話)」、『月刊M&E―三月号』、工業調査会、二〇〇二年、一五四―一五九頁。
10 リゾーム:フランス語で根茎のこと。樹木と対立する概念で、見えないところに形成されるヨコの人間関係をさす。(出典:『現代用語の基礎知識』、自由国民社、一九九九年、一一八三頁。)
11 ノマド(nomad):フランス語で遊牧民のこと。ポスト構造主義では、一定の状況に留まらず自由な動きのできる人をさす。(出典:『現代用語の基礎知識』、自由国民社、一九九九年、一一八三頁。)
12 [参考文献] 蓮見 孝:「「いつまでも住み続けたいまち」をつくる」、「(連載)足で学ぶ―全国まちづくりの極意―(第17話)」、『月刊M&E―五月号』、工業調査会、二〇〇二年、一五二―一五八頁。
13 [参考文献] 蓮見 孝:「〝この指とまれ〟で響きあう率先市民のくにづくり」、「(連載)足で学ぶ―全国まちづくりの極意―(第18話)」、『月刊M&E―七月号』、工業調査会、二〇〇二年、一九八―二〇二頁。
14 [参考文献] 蓮見 孝:「伝統工芸のまちを磨く若き匠」、「(連載)足で学ぶ―全国まちづくりの極意―(第8話)」、『月刊M&E―六月号』、工業調査会、二〇〇一年、二六二―二六七頁。
15 一九七九年から小学館「ビッグコミックオリジナル」に連載されている漫画。一九八八年からは、西田敏行と三國連太郎の出演により映画化され、一九作目がクランクインしている。
16 [参考文献] 演劇の四要素:河竹登志夫:『演劇概論』、東京大学出版会、一九七八年、四頁。平田オリザ:『演劇入門』、講談社現代新書、一九九八年。
17 [参考文献] パオロ・ベルノ著、廣瀬 純訳:『マルチチュードの文法』、月曜社、二〇〇四年。
18 [参考文献] 多田智満子訳:『レヴィ=ストロースとの対話』、みすず書房、一九七〇年。
19 [参考文献] 浅田 彰:『構造と力』、勁草書房、一九八三年。
20 [参考文献] 蓮見 孝:「地域を拓くソシオ・デザインの可能性」、『ID & JIDA VISION 2010』、㈳日本インダストリアルデザイナー協会、一九九九年。
21 [参考文献] J・ボードリヤール著、今村仁司・塚原 史訳:『消費社会の神話と構造』、紀伊国屋書店、一九七九年。
22 [参考文献] フェリックス・ガタリ著、杉村昌昭訳:『三つのエコロジー』、大村書店、一九九七年。
23 [参考文献] 蓮見 孝:『ポスト「熱い社会」をめざすユニバーサルデザイン―モノ・コト・まちづくり』、工業調査会、二〇〇四年。
24 [参考文献]『Universal Design 04 1999』、ジイ・バイ・ケイ、一九九九年。

25　[参考文献]　山本哲士：『デザインとしての文化技術』、文化科学高等研究院、一九九三年。

[第3章]

1　ハンズオン／マインズオン：アメリカの子供博物館（チルドレンズ・ミュージアム）などで試みられるようになった新しい展示手法。従来の一般的な展示方法であるハンズオフ（見るだけの展示）に対し、ハンズオンは実際に触ったり動かしたりできる展示である。さらにマインズオンは、心も動かすというレベルの深い理解をうながす感性的な展示である。

2　[参考文献]『現代用語の基礎知識』、自由国民社、一九九九年、一二五六頁。

3　アートセラピー：アートという表現行為をとおして、心をいやしていこうとする心理療法の一つ。

4　[参考文献]『Design and Designers 1995 Jun Vol.3』、㈶日本産業デザイン振興会 デザイン人材開発センター、一九九五年、六一―六八頁。

5　[参考文献]　蓮見　孝、金田大輔、萩原　篤：「Program of Resident-Participation Regional Town Planning－Based on Universal Design Methodology and Results of Concurrent Work－」, Journal『International Conference for Universal design in Japan 2002』, CD-ROM, 2002.

6　カラーサンプル：ＤＩＣカラーガイド、大日本インキ工業㈱。

7　[参考文献]　小林重順著、日本カラーデザイン研究所編：『カラーイメージスケール』、講談社、一九九五年。

8　ブレインライティング手法：ドイツ生まれの発想会議の技法。数人で紙を回し、そこにアイデアを書き込んでいくことで、わずかな時間で大量のアイデアを出す手法。

9　[参考文献]　川喜田二郎：『発想法』、中公新書、一九六七年。

10　[参考文献]　公害健康被害補償予防協会委託業務報告書：『電気自動車の普及方策に関する調査研究報告書』、㈶環境情報普及センター、一九九七年、一九六―二一〇頁。

11　[参考文献]　蓮見　孝・藤沼良夫：「ＥＶムーバ「ペルメ」―茨城県地域産学官共同研究事業の運営と成果」、『デザイン学研究作品集 04-1998』、日本デザイン学会、一九九九年、六二―六七頁［平成10年度年間作品賞受賞］。蓮見　孝・藤沼良夫・李　在螢：「地域産業振興におけるデザインの役割」、Asia Design 国際学術会議論文集、一九九七年、五三七―五四二頁。

12 ㈶日立地区産業支援センター：国の特定産業集積活性化法の指定を受けて茨城県日立市に設置された地域産業の高度化を支援する機関。
13 双対尺度法：人の好みの違いなどを、対比較データの分析によって調べる分析手法。
14 〔参考文献〕蓮見　孝・佐山剛勇・冷水豊国：「プロジェクト・ピュア茨城—純県産酒のデザインプロモーション」、『デザイン学研究 作品集11号』、日本デザイン学会、二〇〇六年、二二—二七頁。
15 テクノエキスパート：㈶茨城県中小企業振興公社に登録された専門家（大学、独立行政法人、民間企業、茨城県工業技術センター等のOB・現役等の技術関係の専門家等）を企業の現場等に派遣し、技術的課題解決のための支援をおこなう制度。
16 県産酒の需要の推移：国税庁『統計年報書』および酒税課『清酒製造業の概況』による。
17 〔参考文献〕藤田千恵子：「酒界遺産—6、稲葉酒造場」、『旅　10月号』、新潮社、二〇〇四年、一一四—一一七頁。『つくばスタイル』、エイムック948、二〇〇四年、八六—八七頁。
18 桶売り：小規模な酒蔵が、仕込んだ酒を桶ごと（実際はタンクに貯蔵した酒）灘や伏見の大手メーカーに販売すること。自醸酒（生一本）の販売が立ちゆかないため、地酒ブームが起こる前の昭和四十年代までは地方の酒蔵では一般的におこなわれていた。
19 「杜氏」の語源は「刀自」（とじ）であり、家を取り仕切る女性のこと、と柳田国男は述べている。
20 〔参考文献〕野見山磨紀子：「石材業活性化のためのマインズ・オン型イベントプロデュース作品：「石の杜の遊び場」、ワークショップ「いしおさんを描こう」のデザイン及び研究計画書」、『二〇〇五芸術研究科修士課程梗概集』、筑波大学、二〇〇六年、七八—七九頁。西條友弥子：「パートナーシップ型産業によるまちづくり—「石匠の見世蔵」の活動を通して—」、二〇〇七年度筑波大学芸術研究科修士論文、二〇〇八年。
21 タウンモビリティ：イギリスのショップモビリティを、ショッピングだけでなく広く町歩きに活用しようと、国土交通省によって推進されたもの。
22 〔参考文献〕蓮見　孝：「花の〝妖精たち〟が棲む科学都市—Tukuba in Bloom—」、「（連載）足で学ぶ—全国まちづくりの極意（第9話）」、『月刊M&E—七月号』、工業調査会、二〇〇一年、二一六—二二一頁。
23 緑のデザイン賞：㈶都市緑化基金と第一生命保険相互会社の共催により募集されている賞で、全国の公共、民間団体から緑化プラン実現のための資金助成をおこなうもの。平成二～十九年度までに一一〇件が助成を受けている。

24　エリアマネジメント：限定されたエリアを対象に、公民が連携して自主的に居住環境の維持・向上・管理をおこなおうとするもの。

25　［参考文献］T. Hasumi, Y. Ueno, S. Komatsu:「Management of a Participatory Design Program in Tamari Village, Ibaraki Prefecture」, Journal『The Asian Design International Conference Vol.1』, CD-ROM, 2003.

26　六井六畑八舘八艘：玉里村にいい伝えられていることば。六つの清水（六井）、六カ所の肥沃な畑（六畑）、八カ所の城（八舘）、八カ所の古墳（八艘）を指し、豊かな土地であることを表している。

27　ＴＭＯ：Town Management Organizationの略。地方自治体や商工会議所、商店街振興組合など官民が知恵を出し合って街づくりのプランや商業活性化を図るしくみ。

【第４章】

1　ＱＯＬ：ランド研究所（Rand Corporation）（アメリカ）は、ＱＯＬを、「個人の安寧（Sense of Well-being）、生活上の満足・不満足（Happiness or Unhappiness）」と定義している。ＷＨＯが唱えるWell-beingに対し、心理的・意識的側面を重視しているようにみえる。

スタンフォード研究所（Stanford Research Institute）（アメリカ）のArnold Mitchellらによる定義では、ＱＯＬを「ある個人が一定期間にわたって自分自身のニーズについて全般的に認識したり感知したりする満足感」としている。ＱＯＬの支配的な規定要素として、「ニーズ」「価値観」「信条」を挙げている。

ミシガン大学・サーベイ・リサーチ・センター（Survey Research Center）（アメリカ）では、ＱＯＬを、「物質的な安寧のみならず、教育、レクリエーションの機会、個人的安全、住宅、近隣関係などのような物事にかかわる満足あるいは不満足の状況（Satisfaction or dissatisfaction）と定義している。

2　［参考文献］蓮見　孝・松井彩乃：「〝願い事プロジェクト〟によるＱＯＬ評価尺度の研究」、『デザイン学研究・第52回研究発表大会概要集』、二〇〇五年、二三八―二三九頁。

3　［参考文献］横森豊雄：『英国の中心市街地活性化―タウンマネジメントの活用―』、同文舘、二〇〇一年。

4　［参考文献］タウンモビリティ推進研究会編：『タウンモビリティと賑わいまちづくり　高齢社会のバリアフリー・ショッピング』、学芸出版社、一九九九年。

5 ［参考文献］Hasumi, T., Matsui, A., Shiraishi, M.：「Comparison and evaluation of shopmobility and townmobility by QOL maps」,『Include 2005』, CD-ROM, 2005.

6 ［参考文献］E・ハワード著、長 素連訳：『明日の田園都市』、SD選書（028）、鹿島出版会、一九九六年。

7 ［参考文献］蓮見 孝：「茨城の地域再生プロデュース」、『JOYO ARC 5月号（Vol.40 No.463）』、㈶常陽地域研究センター、二〇〇八年、一〇―一七頁。

8 ［参考文献］『筑波大学アート・デザイン・プロデュース 二〇〇七』、筑波大学芸術専門学群、二〇〇八年、五二―五五頁、五八―六三頁。

著者略歴

蓮見《はすみ》　孝《たかし》　博士（デザイン学）

一九四八年神奈川県鎌倉市生まれ。一九七一年東京教育大学教育学部芸術学科工芸・工業デザイン専攻を卒業。二十年間にわたり日産自動車株式会社に勤務し、第一モデル課長、エクステリアデザインスタジオ代表チーフデザイナー等を歴任。プレセア、ラルゴなど多くの車種の開発に携わる。一九七六年に大学院大学であるロイヤルカレッジ・オブ・アート（ロンドン）に社命留学。一九九一年に筑波大学に専任講師として転籍し、二〇〇〇年から教授（大学院人間総合科学研究科芸術専攻）。日本デザイン学会理事・副会長、茨城県生涯学習審議会・社会教育委員、経済産業省地域中小企業サポーター、国交省観光まちづくり事業（常陸太田地区）座長・コーディネータ、グッドデザイン賞審査委員をはじめ、茨城県および県内の市町村を中心に、さまざまなプロジェクトにかかわっている。『ポスト「熱い社会」をめざすユニバーサルデザイン―モノ・コト・まちづくり』、『マルゲリータ女王のピッツァ―かたちの発想論』など著書多数。

地域再生プロデュース
―参画型デザイニングの実践と効果―

2009年4月16日　第1版第1刷発行　　検印省略

著　者　蓮　見　　孝

発行者　前　野　　弘

東京都新宿区早稲田鶴巻町533
発行所　株式会社　文　眞　堂
電　話　03（3202）8480
FAX　03（3203）2638
http://www.bunshin-do.co.jp
郵便番号（162-0041）振替00120-2-96437

印刷・モリモト印刷　　製本・イマキ製本所

定価はカバー裏に表示してあります
ISBN978-4-8309-4636-3　C3036